1

안녕은 일본어로 뭐야?

안녕은 にほんごで なに？

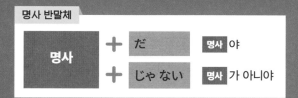

명사 반말체

| 명사 | + | だ | **명사** 야 |
| | + | じゃ ない | **명사** 가 아니야 |

🥕 **토닥토닥 응원 메시지**

이제 막 히라가나를 외운 우리! 하지만 히라가나는 아
직도 헷갈리고, 가타카나는 돌아서면 까먹고 말죠.
하지만 여러분, 시작은 다 그래요. 단어와 문장을 더듬
더듬 읽는 것이 당연하고, 머릿속에 엉망진창 되는 것이
당연해요.
그래도 1과부터 완벽하게 다 외워서 하루빨리 회화를
유창하게 하고 싶은 마음, 충분히 이해합니다.
지금 미흡한 자신에게 실망하지 말고, 이렇게 첫발을
내딛은 용기에 박수를 보내고 응원해주세요. 괜찮아요.
1과를 시작하는 우리는 당연히 더듬더듬 허접함의 끝판
왕이 되어야 합니다.
"시작은 미흡했으나 그 끝은 창대하리라!" 이 말을 꼭
기억하며 일본어 공부를 시작하세요^^

가벼운 인사

1 안녕(만났을 때)

おはよう。　아침 인사
오 하 요 -
こんばんは。　저녁(밤) 인사
콤　　방　와

こんにちは。　점심(낮) 인사
콘　니 찌 와

히라가나 は는 [하]라고 외웠죠? 근데 왜 [와]라고 읽을까요?
は가 조사 '～은/는'으로 쓰일 때는 [와]로 읽어야 해요.

콘니찌(오늘 낮) + 와(은) + (어떠세요, 건강하시죠?)
콤방와(오는 밤) + 와(은) + (어떠세요, 건강하시죠?)

원래 위와 같은 긴 인사였는데, 줄여서 콘니찌와(오늘 낮은), 콤방와(오늘 밤은)만 쓰게 되었어요.
조사로 쓰인 は의 흔적이 그대로 남아 [와]로 읽게 된 것입니다.

2 안녕(헤어질 때)

じゃね。　안녕.
쟈　네
バイバイ。　안녕(bye-bye).
바 이 바 이

またね。　또 보자.
마 따 네
さようなら。　안녕.
사 요 - 나 라

장음이 없는 「さよなら」도 일본인이 많이 써요. 틀린 것이 아니에요.

> **잠깐**
> 사요나라 진짜 많이 들어봤죠? 하지만 위험해요!!
> '긴 시간 헤어질 때', '영원히 안녕'이라는 뉘앙스가 있어서
> 자주 만나는 사람에게는 적합하지 않은 표현이지요.

3 고마워, 미안해

ありがとう。　고마워.
아 리 가 또 -

ごめん。　미안해.
고 멩

02 단어

나라

かんこく 한국
캉 꼬꾸

にほん 일본
니 홍

ちゅうごく 중국
츄 - 고꾸

アメリカ 미국
아 메 리 까

フランス 프랑스
후 란 스

ロシア 러시아
로 시 아

インド 인도
인 도

カナダ 캐나다
카 나 다

직업

せんせい 선생님
센 세 -

がくせい 학생
각 세 -

いしゃ 의사
이 샤

かしゅ 가수
카 슈

かいしゃいん 회사원
카 이 샤 잉

うんてんしゅ 운전사
운 뗀 슈

こうむいん 공무원
코 - 무 잉

> **참깐**
> 「がくせい」의 발음은 [가꾸세이]가 아니라, [각세-]라고 합니다.
> く와 せ 사이에 '모음의 무성화' 현상이 일어난 것인데요. 이런 용어
> 는 머리 아프니깐 [각세-]로 발음하는구나 정도만 알아두세요.

03 단어 연습

1 아래 끝말잇기를 완성하여 미로를 빠져나가세요.

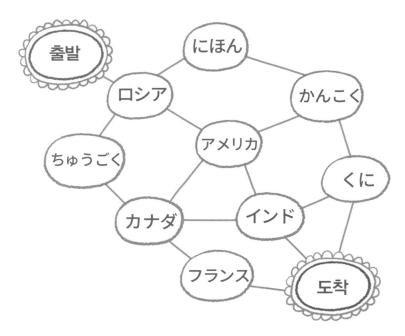

2 바르게 연결하세요.

선생님 ●	● 각세ー ●	● いしゃ
회사원 ●	● 이샤 ●	● かしゅ
공무원 ●	● 카슈 ●	● がくせい
운전사 ●	● 센세ー ●	● うんてんしゅ
가수 ●	● 카이샤잉 ●	● かいしゃいん
의사 ●	● 운뗀슈 ●	● せんせい
학생 ●	● 코ー무잉 ●	● こうむいん

あさの　あいさつは　おはよう。　아침 인사는 오하요.
아 사 노　아 이 사 쯔 와　오 하 요 ㅡ

ひるの　あいさつは　こんにちは。　점심(낮) 인사는 콘니찌와.
히 루 노　아 이 사 쯔 와　콘 니 찌 와

よるの　あいさつは　こんばんは。　저녁(밤) 인사는 콤방와.
요 루 노　아 이 사 쯔 와　콤 방 와

の 조사 の는 '～의'라는 뜻으로, 명사와 명사 사이에 들어가요.
'아침의 인사'라고 하면 한국어로는 부자연스러우니 '～의'를 빼고 해석하는 경우가 많아요.

は 조사 は는 '～은/는'이라는 뜻이에요.

잠깐
일본어 마침표는 점(.)이 아니라 동그라미(˚)예요. 그래서 마침표를
「まる」(동그라미)라고도 불러요. 일본어 쉼표(、)는 우리나라 쉼표(,)
와 모양이 조금 다릅니다. 일본어로 「てん」(점)이라고 해요.

どこの　くにの　ひと？　어느 나라 사람?
도 꼬 노　쿠 니 노　히 또

A: **どこの　くにの　ひと？**　어느 나라 사람?
도 꼬 노　쿠 니 노　히 또

B: **にほんの　ひと**　일본 사람
니 혼 노　히 또

にほんじん　일본인
니 혼 징

の를 반복해서 쓸 수 있어요. 신기하죠? '명사＋の＋명사'와 같이 명사 사이에는 대부분 の를 씁니다.
「日本の 人」라고 하면 '일본 사람'이라는 뜻이지만 일본인이 자기 자신에게는 쓰지 않아요.
자신에게 쓸 때는 「日本人」(일본인)이라고 대답해요.

단어
あいさつ 인사　あさ 아침　ひる 낮, 점심　よる 저녁, 밤　どこ 어디, 어느　人(ひと) 사람　人(じん) 인　日本人(にほんじん) 일본인

05 문장 연습

1 아래 단어를 조합하여 예와 같은 문장을 만드세요.

あさ　ひる　よる　あいさつ
の　は
おはよう　こんにちは　こんばんは

예 あさの あいさつは おはよう。

_____ 。　　_____ 。

2 질문을 읽고, 보기에서 알맞은 단어를 활용해서 써넣으세요.

질문 どこの くにの ひと？

보기 かんこく　ちゅうごく　アメリカ
ロシア　インド　カナダ

にほんじん

일본인

❶

한국인

❷

러시아인

❸

미국인

❹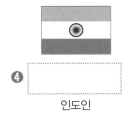

인도인

❺

중국인

이민호 　'안녕'は　にほんごで　なに？

사쿠라 　ええと、

　　　　あさは「おはよう」。　ひるは「こんにちは」。　よるは「こんばん

　　　　は」。

이민호 　そうね。　そうしたら、'고마워'は　にほんごで　なに？

사쿠라 　それは「ありがとう」だよ。

이민호 　ああ、　ほんとうに　ありがとう。

　　　　'미안해'は　にほんごで　なに？

사쿠라 　それは「ごめん」だよ。

이민호 　ああ、　ほんとうに　ごめん。

　　　　さいごに　'또 보자'は「バイバイ」かな？

사쿠라 　'또 보자'は「バイバイ」じゃ　ない。

　　　　「またね」だよ。

이민호 　'안녕'은 일본어로 뭐야?

사쿠라 　그러니까.
　　　　아침은 오하요. 점심은 콘니찌와. 저녁은 콤방와.

이민호 　그러네. 그러면, '고마워'는 일본어로 뭐야?

사쿠라 　그것은 아리가또야.

이민호 　아, 정말로 고마워.
　　　　'미안해'는 일본어로 뭐야?

사쿠라 　그것은 고멩이야.

이민호 　아, 정말로 미안.
　　　　마지막으로 '또 보자'는 바이바이일까?

사쿠라 　'또 보자'는 바이바이가 아니야.
　　　　마따네야.

회화 연습

본문을 소리 내어 5번 읽고 아래와 같이 동그라미 해주세요!

이민호 **'안녕'は にほんごで なに？**
와 니 홍 고데 나니

「＿＿は にほんごで なに？」(~은 일본어로 뭐야?)
이 문장은 통째로 외워두면 편해요.

~は ~은/는　~で ~으로　なに 무엇

사쿠라 **ええと、**
에 – 또

ええと 저기, 음 그러니까(생각할 때 내는 소리)

あさは 「おはよう」。ひるは 「こんにちは」。
아사와　오하요 –　히루와　콘 니찌와

よるは 「こんばんは」。
요루와　콤 방 와

이민호 **そうね。そうしたら、**
소 – 네　소 – 시 따라

そうね 그러네
そうしたら 그러면, 그렇다면

'고마워'は にほんごで なに？
와 니 홍 고데 나니

사쿠라 **それは 「ありがとう」だよ。**
소 레 와　아 리 가 또 –　다 요

'지시대명사'는 こ, そ, あ, ど로 나뉘어요. これ(이 것), それ(그것), あれ(저것), どれ(어느 것)입니다. 자세한 것은 문법 파트에서 배울 거예요.
문장 끝에 よ는 자신의 주장을 강조하기 위해 쓰였어요.

이민호 **ああ、ほんとうに ありがとう。**
아 –　혼 또 – 니 아 리 가 또 –

ほんとうに 정말로

'미안해'は にほんごで なに？
와 니 홍 고데 나니

사쿠라 **それは 「ごめん」だよ。**
소 레 와　고 멩　다 요

それ 그것

이민호 **ああ、ほんとうに ごめん。**
아 –　혼 또 – 니 고 멩

ああ 아!(감탄사)　さいごに 최후, 마지막으로

さいごに '또 보자'は 「バイバイ」かな？
사 이 고 니　　　와　바 이 바 이　 까 나

かな는 문장 끝에 붙어서 '~일까?'라는 뜻이에요. 가벼운 의문을 나타내요.

사쿠라 **'또 보자'は 「バイバイ」じゃ ない。**
와　바 이 바 이　쟈　나 이

「~だ」(~야), 「~じゃ ない」(~가 아니야) 명사의 반말체 긍정·부정은 문법 파트에서 배울 거예요.

「またね」だよ。
마 따 네　다 요

문법

명사의 반말체 긍정·부정

うん、 いしゃだ。
좀 더 회화체 느낌으로 だ를 생략하고 「うん、いしゃ。」(응, 의사)(그래, 의사야)로도 표현할 수 있어요.

ううん、 いしゃじゃ ない。
「~じゃ ない」 대신에 「~では ない」를 써도 돼요. では ない는 문장체, じゃ ない는 회화체에 가깝다고 할 수 있어요.

지시대명사

この 이	その 그	あの 저	どの 어느
これ 이것	それ 그것	あれ 저것	どれ 어느 것

これ는 '이것'. 말하는 사람 가까이에 있는 것.
それ는 '그것'. 상대방 가까이에 있는 것.
あれ는 '저것'. 말하는 사람, 상대방 모두에게서 멀리 떨어져 있는 것.

この うどん、 おいしい。　　이 가락국수 맛있어.

A: これは なに？　　이것은 뭐야?

B: それは うどん。　　그것은 가락국수야.

の ~의

명사	+	の	+	명사

あさの あいさつ　　아침 인사

どこの くにの ひと？　　어느 나라 사람?

단어

うどん 가락국수, 우동　　おいしい 맛있다　　なに 무엇

문법 연습

1 다음 예와 같이 써넣으세요.

명사	+	だ ~다
	+	じゃ ない ~가 아니다

예 いしゃ ___いしゃだ___。 ↔ ___いしゃじゃ ない___。

❶ せんせい _____。 ↔ _____。

❷ がくせい _____。 ↔ _____。

❸ こうむいん _____。 ↔ _____。

❹ うんてんしゅ _____。 ↔ _____。

2 다음 예와 같이 문장을 완성하세요.

この 이	その 그	あの 저	どの 어느
これ 이것	それ 그것	あれ 저것	どれ 어느 것

예 A: これは なに?　　B: ___それ___は うどん。

❶ A: これは なに?　　B: _____は すし。

❷ A: それは なに?　　B: _____は おでん。

❸ A: あれは なに?　　B: _____は バナナ。

❹ A: この ひと、だれ?　　B: _____ひとは せんせい。

❺ A: あの ひと、だれ?　　B: _____ひとは かしゅ。

잠깐 '이건 뭐야?'라고 물으면 '그건 ○○야'라고 대답하죠.
'저건 뭐야?'라고 물으면 '저건 ○○야'라고 대답하는
우리말과 같아요.

말하기

1 다음 단어를 3번씩 발음해보세요. ○ ☐ ☐

> おはよう。 こんにちは。
>
> こんばんは。 ありがとう。
>
> ごめん。 またね。
>
> バイバイ。 さようなら。

2 다음 패턴으로 말해보세요.

> A: どこの くにの ひと?
>
> B: フランスの ひと。

❶ にほんの ひと ❷ アメリカの ひと

❸ かんこくの ひと ❹ ちゅうごくの ひと

3 다음 패턴으로 말해보세요.

문장에서는 だ를 넣지만 회화에서는 だ를 생략해요~

> A: あの ひと がくせい? B: うん、がくせい。
>
> ううん、がくせいじゃ ない。

❶ かしゅ ❷ デザイナー

❸ かいしゃいん ❹ モデル

단어

デザイナー 디자이너 モデル 모델

듣기

MP3 01-06

1 잘 듣고 빈칸에 알맞은 가타카나를 보기에서 골라 써넣으세요.

보기 ロ　ド　ス　カ　リ

❶ フラン[　]　❷ [　]シア

❸ イン[　]　❹ [　]ナダ

❺ アメ[　]カ

2 잘 듣고 빈칸에 알맞은 단어를 써넣으세요.

❶ '고마워'は にほんごで なに？ それは [　　　] だよ。

❷ '한국'は にほんごで なに？ それは [　　　] だよ。

❸ '의사'は にほんごで なに？ それは [　　　] だよ。

3 다음 문장을 잘 듣고, 틀린 글자를 동그라미 하고 바르게 고치세요.

예 これは　なに？　　そねは　すし。　（ れ ）

❶ ううん、いしゃざ ない。　（　　）

❷ この うどん、おかしい。　（　　）

❸ あちの あいさつは おはよう。　（　　）

❹ ひるの あいさつは ごんにちは。　（　　）

MP3 01-07

わたしは かんこくじんだ。

나는 한국인이다.

にほんじんじゃ ない。

일본인이 아니다.

あさは 「おはよう」で あいさつ。

아침은 '오하요'로 인사.

ひるは 「こんにちは」で あいさつ。

낮은 '콘니찌와'로 인사.

よるは 「こんばんは」で あいさつ。

저녁은 '콤방와'로 인사.

にほんごは ほんとうに おもしろい。

일본어는 정말로 재미있다.

단어

わたし 나　かんこくじん 한국인　にほんじん 일본인　〜で 〜으로　ほんとうに 정말로　おもしろい 재미있다

단어+

'い'를 뜻하는 여러 단어	わたし	ぼく 친근한 말투	おれ 약간 거친 말투	あたし 귀여운 말투
	남녀공통	남성어		여성어

1 다음 문장을 따라 써보세요.

わたしは かんこくじんだ。にほんじんじゃ ない。

✎ ....

あさは「おはよう」で あいさつ。

✎ ....

ひるは「こんにちは」で あいさつ。

✎ ....

よるは「こんばんは」で あいさつ。

✎ ....

にほんごは ほんとうに おもしろい。

✎ ....

2 다음 문장을 일본어로 써보세요.

오하요.

✎ ....

콘니찌와.

✎ ....

콤방와.

✎ ....

고마워.

✎ ....

미안해.

✎ ....

알고 싶은 너와 나의 직업!
일본에서는 어떤 직업이 인기 있을까요?

일본 인기 직업 랭킹 20

순위	직업	일본어		순위	직업	일본어
1위	공무원 (일반행정직)	こうむいん 公務員 코-무잉		11위	패션 디자이너	ファッションデザイナー 홧숀 데자이나-
2위	약사	やくざいし 薬剤師 야꾸자이시		12위	미용사	びようし 美容師 비요-시
3위	의사	いし 医師 이시		13위	작가	さっか 作家 삭까
4위	간호사	かんごし 看護師 캉고시		14위	일러스트레이터	イラストレーター 이라스또레-따-
5위	금융업계 종사자	きんゆうぎょうかい はたら ひと 金融業界で働く人 킹유-교-까이데 하따라꾸 히또		15위	외교관	がいこうかん 外交官 가이꼬-깡
6위	프로 스포츠 선수	せんしゅ プロスポーツ選手 프로 스뽀-쯔 센슈		16위	임상 심리사	りんしょうしんりし 臨床心理士 린쇼- 신리시
7위	공항사무직	グランドホステス 구란도 호스떼스		17위	건축가	けんちくか 建築家 켄찌꾸까
8위	보육사	ほいくし 保育士 호이꾸시		18위	만화가	まんがか 漫画家 망가까
9위	편집자	へんしゅうしゃ 編集者 헨슈-샤		19위	파티쉐	パティシエ 파띠시에
10위	게임 크리에이터	ゲームクリエイター 게-무 쿠리에이따-		20위	성우	せいゆう 声優 세-유-

자료 출처 : https://www.13hw.com/jobapps/ranking.html
13歳のハローワーク公式サイト(13세 핼로 워크 공식 사이트) (2020년 6월 기준)

일본어를 이제 막 시작한 우리!
짧고 강한 한마디로 일본인의 마음을 사로잡아봐요.

すみません。
스 미 마 생

죄송합니다 / 고맙습니다 / 부탁합니다 / 실례합니다

상대방에게 사과할 때, 무언가 부탁할 때, 고맙다고 표현할 때 등 다양하게 사용하는 일본어예요.
발음 편의상 「すいません」이라고 말하기도 해요.
속되고 가벼운 느낌이 들 수 있어서 진지한 상황에 「すいません」은 쓰지 않기를 추천합니다.

어떤 상황에서 쓸까요?

부딪쳤을 때	물건을 사기 위해 점원을 부를 때	상대방을 부를 때
선물을 받아 감사할 때	잘못을 해서 사죄할 때	양보를 받아 먼저 하게 될 때
음식 주문을 위해 점원을 부를 때	길을 물어볼 때	의뢰하거나, 부탁할 때

모두 すみません

정말 만능 일본어입니다!!

대화를 시작하기 전에 무조건 「すみません」부터 말해도 이상할 게 없다고 할 정도로 일본인이 많이 쓰는 표현입니다.
일본어로 한마디 꺼내기가 망설여지고 부끄럽다면, 「すみません」으로 시작하는 것은 어떨까요?

2

친한 친구는 누구?
したしい　ともだちは　だれ？

い형용사 반말체

| い형용사 | + | い | | **い형용사** 야 |
| | + | く ない | | **い형용사** 지 않아 |

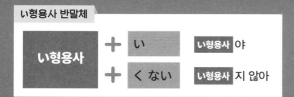

토닥토닥 응원 메시지

1과 내용도 다 못 외웠는데, 아직도 히라가나가 헷갈리
는데, 2과를 보는 것이 맞는지 모르겠다며 책을 펼쳤을
여러분... 책 펼치는 것이 맞습니다! 아주 잘 오셨습니다!

やさしい(야사시-). '상냥하다'라는 뜻의 형용사로,
이번 과를 잘 나타내는 단어예요.

결코 어렵지 않을 테니 용기내주세요. 여러분이라면 충
분히 하실 수 있습니다^^

1 보기에서 알맞은 단어를 골라 빈칸에 써넣으세요.

> 보기 かんこく　　インド　　アメリカ　　ちゅうごく　　にほん

❶ 한국 ⬚

❷ 일본 ⬚

❸ 중국 ⬚

❹ 미국 ⬚

> 보기 せんせい　　いしゃ　　かしゅ　　かいしゃいん　　がくせい

❺ 선생님 ⬚

❻ 학생 ⬚

❼ 회사원 ⬚

❽ 의사 ⬚

2 다음 문장을 일본어로 완성하세요.

❶ 아침 인사는 오하요.　　あさの　あいさつは ＿＿＿＿＿＿。

❷ 낮 인사는 콘니찌와.　　ひるの　あいさつは ＿＿＿＿＿＿。

❸ 저녁 인사는 콤방와.　　よるの　あいさつは ＿＿＿＿＿＿。

❹ 어느 나라 사람?　　どこの ＿＿＿＿＿の ＿＿＿＿＿?

❺ '안녕'은 일본어로 뭐야?　　'안녕'は　にほんごで ＿＿＿＿＿?

❻ 정말로 고마워.　　ほんとうに ＿＿＿＿＿＿。

❼ 미안해.　　＿＿＿＿＿＿。

❽ 또 보자.　　＿＿＿＿＿＿。

단어

い형용사

たかい 비싸다 ↔ **やす**い 싸다
타 까 이 　　　　　 야 스 이

たかい 높다 ↔ **ひく**い 낮다
타 까 이 　　　　　 히 꾸 이

おおきい 크다 ↔ **ちいさ**い 작다
오 ― 끼 ― 　　　　　 치 ― 사 이

おいしい 맛있다 ↔ **まず**い 맛없다
오 이 시 ― 　　　　　 마 즈 이

おもしろい 재미있다 ↔ **つまらな**い 재미없다
오 모 시 로 이 　　　　　 츠 마 라 나 이

신기하죠? 모두 い로 끝났어요. 이렇게 い로 끝나는 것을 い형용사라고 합니다.

「たかい」는 '비싸다, 높다'의 두 가지 뜻이 있어요.
문맥이나 상황에 따라 다르게 쓰여요.

색깔

● **あか** 빨강 → **あか**い 빨갛다
아 까 　　　　　 아 까 이

● **きいろ** 노랑 → **きいろ**い 노랗다
키 이 로 　　　　　 키 이 로 이

● **あお** 파랑 → **あお**い 파랗다
아 오 　　　　　 아 오 이

○ **しろ** 하양 → **しろ**い 하얗다
시 로 　　　　　 시 로 이

● **くろ** 검정 → **くろ**い 검다
쿠 로 　　　　　 쿠 로 이

1 い형용사만 찾아 미로를 통과하세요.

2 い형용사만 찾아 점을 연결하여 그림을 완성하세요.

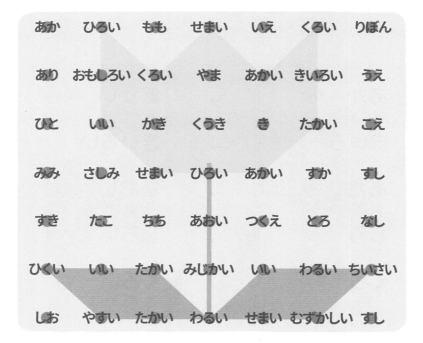

たかい　かばん　　비싼 가방
타 까 이　카　방

かばんが　たかい。　가방이 비싸다.
카 방 가 타 까 이

たかい　ビル　　높은 빌딩
타 까 이　비 루

● **ビルが　たかい。**　빌딩이 높다.
비 루 가　타 까 이

| い형용사 | たかい　かばん | 비싼 가방 |
| な형용사 | しんせつな　せんせい | 친절한 선생님 |

일본어 형용사에는 **い**형용사와 **な**형용사가 있어요.
い형용사는 ～**い**로 끝나고, **な**형용사는 위와 같이 **な**로 명사를 꾸며줘요.
이번 2과에서는 **い**형용사를, 3과에서는 **な**형용사를 공부할 계획입니다.

잠깐
가타카나의 장음은 **ー**으로 표시해요.
장음에 따라 뜻이 달라지니 주의해주세요.
「ビル」는 building 건물
「ビール」는 beer 맥주

かばんが　たかい。　가방이 비싸다.
카 방 가 타 까 이

あかは　あかい。　　빨강은 빨갛다.
아 까 와　아 까 이

が 조사 **が**는 '～이/가'를 뜻하고 주어를 나타내요.

は 조사 **は**는 '～은/는'을 뜻하고 토픽(주제)으로 내세우고 강조하는 기능이 있어요.

05 문장 연습

1 다음 단어를 자유롭게 사용하여 예와 같이 문장을 완성하세요.

い형용사

たかい 비싸다, 높다　おいしい 맛있다
おもしろい 재밌다

명사

まんが 만화　うどん 가락국수
かばん 가방

예 たかい　かばん　　비싼 가방

_____

명사

まんが 만화　ビル 빌딩
かばん 가방

い형용사

ひくい 낮다　つまらない 재미없다
やすい 싸다

예 かばんが　やすい。　　가방이 싸다.

_____

2 아래 예와 같이 문장을 완성하세요.

예 あか ●　　　あかは　あかい　　。　　빨강은 빨갛다.

❶ きいろ ○　　_____。　　노랑은 노랗다.

❷ あお ●　　_____。　　파랑은 파랗다.

❸ しろ ○　　_____。　　하양은 하얗다.

사쿠라 　いちばん　したしい　ともだちは　だれ？

이민호 　スホだよ。

사쿠라 　スホの　どこが　すき？

이민호 　スホは　かっこう　いいし　やさしいし　おもしろい。

사쿠라 　スホが　やさしく　ない　ときも　ある？

이민호 　ううん、　ない。

사쿠라 　スホは　どんな　いろが　すき？

이민호 　スホは　あおが　すきだよ。
　　　　あおい　いろが　よく　にあう。

사쿠라 　가장 친한 친구는 누구야?

이민호 　수호야.

사쿠라 　수호의 어디를 좋아해?

이민호 　수호는 멋지고 상냥하고 재미있어.

사쿠라 　수호가 상냥하지 않을 때도 있어?

이민호 　아니, 없어.

사쿠라 　수호는 어떤 색을 좋아해?

이민호 　수호는 파랑을 좋아해.
　　　　파란색이 잘 어울려.

사쿠라　**いちばん　したしい　ともだちは　だれ？**
이찌 방　시따시 –　토모다찌와　다 레

いちばん 가장　したしい 친하다　ともだち 친구
だれ 누구

이민호　**スホ**だよ。
스호 다 요

「명사+だ」(~다, ~야)
1과에서 よ를 문장 끝에 쓰면 강조하는 느낌이라고 배웠지요.

사쿠라　**スホの　どこが　すき？**
스호노　도꼬가　스끼

조사 が는 '~이/가'라는 뜻이라고 배웠지요? 하지만 예외가 있습니다. 예외 표현인 「~が　すき」(~을 좋아해)를 통째로 외워주세요!

どこ 어디　~が すき ~을 좋아해

이민호　**スホは　かっこう　いい**し　**やさしい**し　**おもしろい。**
스호와　칵 꼬 –　이 – 시　야사시 – 시　오모시로 이

い형용사에 し를 붙여서 내용을 열거할 수 있어요. 자세히는 문법 파트에서 배우기로 해요.

かっこういい 멋지다, 근사하다　やさしい 상냥하다
おもしろい 재미있다

사쿠라　**スホが　やさしく　ない　ときも　ある？**
스호가　야사시꾸　나 이　토끼모　아루

い형용사 반말체 부정형이 등장했어요. 「~く ない」(~지 않다)의 형태를 기억해주세요. 자세한 것은 문법 파트에서 배우기로 해요.

とき 때　~も ~도　ある 있다

이민호　**ううん、　ない。**
우 웅　　나이

ある ↔ ない(있다 ↔ 없다) 세트로 외워주세요.

ない 없다

사쿠라　**スホは　どんな　いろが　すき？**
스호와　돈 나　이로가　스끼

どんな 어떤　いろ 색, 색깔

이민호　**スホは　あおが　すき**だよ。
스호와　아오가　스끼다요

「すきだ(좋아하다)+よ(강조)」

あおい　いろが　よく　にあう。
아오이　이로가　요꾸　니아우

「~が　よく　にあう」(~가 잘 어울려). 하나의 문형으로 외워두면 회화에서 유용하게 써먹을 수 있겠죠?

~が ~이/가　よく 잘　にあう 어울리다

단어+　かっこういい를 かっこいい라고 줄여서도 많이 말해요.

문법

い형용사의 반말체 긍정·부정

おいしい？　맛있어?
오 이 시 -

うん、おいしい。　응, 맛있어.
웅　　　오 이 시 -

ううん、おいしく ない。　아니, 맛있지 않아.
우　웅　　오 이 시 꾸　나 이

「おいしい」가 사전에는 기본형으로 '맛있다'이지만, 회화에서는 '맛있어'라고 할 수 있어요.
「おいしく ない」도 마찬가지로 '맛있지 않다'도 되고 '맛있지 않아'도 될 수 있어요.

〜し 〜し 〜하고 〜하고

い형용사 ＋ し ＋ い형용사 ＋ し

かっこう いいし やさしいし おもしろい。　멋지고 상냥하고 재밌다.
칵 꼬 - 이 - 시　야 사 시 - 시　오 모 시 로 이

〜し 〜し 문형은 '멋지다+상냥하다', '(바람이) 세다+춥다'처럼 비슷한 성격의 단어끼리 열거할 때 사용합니다.
'멋지다+못됐다', '(바람이) 세다+덥다'처럼 연결되면 어색해요.

문법 연습

1 다음 예와 같은 형태로 바꾸세요.

い형용사 ＋ い ～다
＋ く ない ～지 않다

예 おいしい ↔ ___おいしく ない___ ＝ ___まずい___

❶ やすい ↔ _____ ＝ _____

❷ ひくい ↔ _____ ＝ _____

❸ ちいさい ↔ _____ ＝ _____

❹ おもしろい ↔ _____ ＝ _____

❺ いい ↔ _____ ＝ _____

> 잠깐
> 「いい」(좋다)의 부정은 いく ない가 아니라
> 「よく ない」(좋지 않다)예요. 예외로 외워야 합니다.

2 주어진 단어를 사용하여 문장을 완성하세요.

い형용사 ＋ し ＋ い형용사 ＋ し

> かっこう いい   やすい
> やさしい   おいしい

❶ 그는 멋지고 상냥하고 재미있다.

かれは _____ し _____ し おもしろい。

❷ 이 가게는 싸고 맛있고 친절하다.

この みせは _____ し _____ し しんせつだ。

단어

いい 좋다 ↔ わるい 나쁘다   かれ 그   この 이   みせ 가게   やさしい 상냥하다   しんせつだ 친절하다

1 다음을 3번씩 발음해보세요.　○ □ □

> やすい　かばん
>
> ひくい　ビル
>
> おいしい　うどん
>
> おもしろい　まんが

2 다음 패턴으로 말해보세요.

> あかは　あかい。

① きいろ　　　② あお

③ しろ　　　　④ くろ

3 다음 패턴으로 말해보세요.

> A: うどんは　おいしい?　　B: うん、おいしい。
>
> 　　　　　　　　　　　　　　　ううん、おいしく　ない。

① かばん / たかい　　　② まんが / おもしろい

③ かれ / やさしい　　　④ ビル / ひくい

1 잘 듣고 빈칸에 알맞은 히라가나를 써넣으세요.

❶ したしい ☐ もだち

❷ ☐ っこう いい

❸ あお ☐ すきだよ。

❹ ☐ もしろい まんが

2 잘 듣고 빈칸에 알맞은 히라가나를 써넣으세요.

❶ ビルが ☐。

❷ かれは かっこう ☐。

❸ つまらない ☐。

❹ ☐、おいしく ない。

3 다음 문장을 잘 듣고, 틀린 글자를 동그라미 하고 바르게 고치세요.

예 これは なに？ そ⦿は すし。 (れ)

❶ いちばん したしい ともだちは なれ？ ( )

❷ スホは かっこう いいじ やさしいし おもしろい。 ( )

❸ スホが やさしく ない とちも ある？ ( )

❹ あおい いるが よく にあう。 ( )

わたしの　いちばん　したしい　ともだちは　スホだ。

나의 가장 친한 친구는 수호다.

スホは　いつも　やさしい。

수호는 항상 상냥하다.

かっこう　いいし　おもしろいし　にんきが　ある。

멋지고 재미있고 인기가 있다.

スホは　あおい　いろが　すきだ。

수호는 파란색을 좋아한다.

わたしも　あおい　いろが　すきだ。

나도 파란색을 좋아한다.

スホと　わたしは　これからも　ベストフレンドだ。

수호와 나는 앞으로도 베스트프렌드이다.

단어

したしい 친하다　 いつも 항상　 にんきが ある 인기가 있다　 ～も ~도　 これからも 앞으로도　 ベストフレンド 베스트프렌드, 베프
(Best Friend)

1 다음 문장을 따라 써보세요.

わたしの　いちばん　したしい　ともだちは　スホだ。

✎ ....

スホは　いつも　やさしい。

✎ ....

かっこう　いいし　おもしろいし　にんきが　ある。

✎ ....

スホは　あおい　いろが　すきだ。

✎ ....

わたしも　あおい　いろが　すきだ。

✎ ....

スホと　わたしは　これからも　ベストフレンドだ。

✎ ....

2 다음 문장을 일본어로 써보세요.

빨강은 빨갛다.

✎ ....

파랑은 파랗다.

✎ ....

가방은 비싸지 않다. 싸다.

✎ ....

만화는 재미있지 않다. 재미없다.

✎ ....

한국 친구, 일본 친구와의 스킨십은 어떻게 다를까요?

スキンシップ
스 낀 십 뿌

스킨십

> ① 한국에서는 오랜만에 만난 친구와 악수나 포옹을 한다. ◉ ⊠
> ② 일본에서는 오랜만에 만난 친구와 악수나 포옹을 한다. ◉ ⊠
>
> ① ○ ② ×

한국에서는 오랜만에 만난 사람과 악수나 포옹을 하며 반가움을 표현하는데요. 그런데 일본에서는 아주 이상한 행동처럼 보일 수 있습니다. 악수나 포옹은 거의 하지 않아요.

> ① 한국에서는 여자 친구끼리 손을 잡거나 팔짱을 낀다. ◉ ⊠
> ② 일본에서는 여자 친구끼리 손을 잡거나 팔짱을 낀다. ◉ ⊠
>
> ① ○ ② ×

한국에서는 어린이나 친한 여자 친구끼리 길거리에서 자연스럽게 손을 잡거나 팔짱을 끼고 다니기도 하잖아요. 그런데 일본에서는 그런 행동이 아주 생소하며 동성 간의 교제라고 오해하기도 합니다.

> ▷ 한국은 心を 表現する 文化 (마음을 표현하는 문화)
> ▷ 일본은 心を 読む 文化 (마음을 읽는 문화)

한국은 표현해야 마음을 알 수 있다는 생각을 가지고 있어요. '표현하는 문화'라고 할 수 있죠. 반면 일본은 '읽는 문화'라고 해서, 마음은 표현하는 것이 아니라 스스로 알아차리고 읽어가는 것이라고 생각해요.
그렇기 때문에 행동이나 스킨십으로 마음을 표현하는 한국인과는 달리, 일본인은 개인의 신체가 사적인 영역(프라이버시)이라 함부로 침범해서는 안 된다고 여깁니다. 스킨십에 대해 폐쇄적이라고 할 수 있습니다.

단어+ スキンシップ 스킨십　 てを つなぐ 손을 잡다　 うでを くむ 팔짱을 끼다　 あくしゅ 악수　 ハグ 포옹(hug)

일본 친구의 마음을 어떤 한마디 말로 사로잡을 수 있을까요?

さすが!
사스가

역시, 과연

'역시, 과연 생각했던 대로다'라는 의미를 지닌 말이에요.

"과연 잘할 줄 알았다!" "역시 넌 대단해!"

이렇게 친구를 칭찬해 보는 것은 어떨까요?

길고 장황한 말보다 한마디만으로도 친구를 기분 좋게 할 수 있습니다.

さすが たろうくん / たろう
사스가 타로-꾼　타로-

역시 다로

さすが さくらちゃん / さくら
사스가 사꾸라 쨩　사꾸라

역시 사쿠라

일반적 호칭 ←			→ 친근한 호칭
さん ~씨	くん 우리말의 김 '군' 이 '군' さん보다는 친근한 호칭	ちゃん 친근함, 귀여움이 묻어나는 호칭	이름만 부름 (사쿠라, 다로 등) 가장 친근함

- くん、ちゃん을 한국어로 해석할 때는 '군', '양'으로 하지 않고 이름(다로, 사쿠라)으로만 해석하는 경우가 많습니다.
- くん은 남자에게, ちゃん은 여자에게 많이 쓰는 경향이 있지만 남녀 상관없이 모두에게 쓸 수 있어요.

3

좋아하는 과일은?

すきな くだものは？

な형용사 반말체		
な형용사 +	だ	**な형용사** 야
	じゃ ない	**な형용사** 지 않아

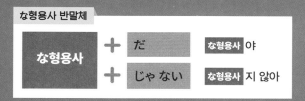

여러분은 무엇을 할 때 가장 행복하세요?
좋아하는 것을 먹을 때? 좋아하는 사람과 있을 때? 이
번 시간에는 여러분이 좋아하는 것, 싫어하는 것을 마
음껏 이야기해볼 거예요.
여러분이 정말로 좋아하는 것이 뭔지, 싫어하는 것은 뭔
지 생각해보고 일본어로 이야기해봄으로써 행복을 느
꼈으면 좋겠어요. 행복은 멀리 있는 것이 아니잖아요.
여러분은 충분히 행복해질 자격이 있습니다!

1 보기에서 알맞은 단어를 골라 빈칸에 써넣으세요.

> **보기** 　たかい　　おおきい　　あたらしい　　ながい　　おもしろい

① 비싸다 ☐☐☐☐☐☐☐☐☐☐　　**②** 크다 ☐☐☐☐☐☐☐☐☐☐

③ 새롭다 ☐☐☐☐☐☐☐☐☐☐　　**④** 재밌다 ☐☐☐☐☐☐☐☐☐☐

> **보기** 　あかい　　きいろい　　あおい　　しろい　　くろい

⑤ 빨갛다 ☐☐☐☐☐☐☐☐☐☐　　**⑥** 하얗다 ☐☐☐☐☐☐☐☐☐☐

⑦ 검다 ☐☐☐☐☐☐☐☐☐☐　　**⑧** 노랗다 ☐☐☐☐☐☐☐☐☐☐

2 다음 문장을 일본어로 완성하세요.

① 비싼 가방 　　＿＿＿＿＿＿＿＿＿ かばん。

② 가방이 비싸다 　　かばんが ＿＿＿＿＿＿＿＿＿。

③ 높은 빌딩 　　＿＿＿＿＿＿＿＿＿ ビル

④ 빌딩이 높다 　　ビルが ＿＿＿＿＿＿＿＿＿。

⑤ 재밌는 만화 　　＿＿＿＿＿＿＿＿＿ まんが

⑥ 만화가 재밌다 　　まんがが ＿＿＿＿＿＿＿＿＿。

⑦ 가장 친한 친구는 누구야? 　　いちばん したしい ＿＿＿＿＿＿＿＿＿ は だれ？

⑧ 파란색이 잘 어울려. 　　＿＿＿＿＿＿＿＿＿ いろが よく にあう。

과일

りんご 사과	みかん 귤
링 고	미 깡
ぶどう 포도	すいか 수박
부 도 −	스 이 까
もも 복숭아	いちご 딸기
모 모	이 찌 고
バナナ 바나나	レモン 레몬
바 나 나	레 몽

채소

にんじん 당근	たまねぎ 양파
닌 징	타 마 네 기
ねぎ 파	だいこん 무
네 기	다 이 꽁
じゃがいも 감자	きゅうり 오이
쟈 가 이 모	큐 − 리

동물

いぬ 개	ねこ 고양이
이 누	네 꼬
とり 새	ぶた 돼지
토 리	부 따
うし 소	
우 시	

1 바구니 안에 있는 과일 이름에 동그라미 하세요.

りんご	バナナ
ぶどう	レモン
いちご	みかん
もも	すいか

2 바구니 안에 있는 채소 이름에 동그라미 하세요.

にんじん	たまねぎ
ねぎ	きゅうり
じゃがいも	だいこん

3 나무와 함께 있는 동물 이름에 동그라미 하세요.

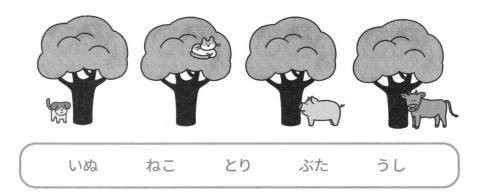

いぬ	ねこ	とり	ぶた	うし

すきな くだもの   좋아하는 과일
스 끼 나 　 쿠 다 모 노

くだものが すきだ。   과일을 좋아하다.
쿠 다 모 노 가 　 스 끼 다

い형용사	たかい かばん	비싼 가방	たかい	비싸다
な형용사	すきな くだもの	좋아하는 과일	すきだ	좋아하다

2과에서 배운 **い형용사**는 뒤에 명사가 올 때도 문장이 끝날 때도 **い**로 같았지만,
な형용사는 뒤에 명사가 올 때는 **な**, 끝날 때는 **だ**로 형태가 달라요. 주의해주세요!

원래 조사 **が**는 '~이/가'를 뜻하지만, 「**すきだ**」와 함께 쓰면 '~을/를'로 해석합니다. 예외로 외워주세요.

~が すきだ	~이 좋아하다 (×)	~을 좋아하다 (O)
~が きらいだ	~이 싫어하다 (×)	~을 싫어하다 (O)

すきな くだものは なに?   좋아하는 과일은 뭐야?
스 끼 나 　 쿠 다 모 노 와 　 나 니

「**~は なに?**」(~은 뭐야?)는 회화 문형으로 외워두면 좋아요.

> **잠깐** 「**すきだ**」의 형태로도 사용하지만, 회화에서는
> だ를 빼고 「**すき**」(좋아해)로도 많이 씁니다.

くるまが ある。   차가 있다.
쿠 루 마 가 　 아 루

いぬが いる。   개가 있다.
이 누 가 　 이 루

일본어는 사물이 있을 때와 사람, 동물이 있을 때를 각각 다르게 표현합니다.

있다	ある	사물이 있을 때
	いる	사람, 동물이 있을 때

문장 연습

1 すきな くだものは なに？ 좋아하는 과일은 뭐야?

예 🍓 いちご   　いちごが すき   。 딸기를 좋아해.

① 🍌 バナナ   _____。 바나나를 좋아해.

② 🍉 すいか   _____。 수박을 좋아해.

2 きらいな やさいは なに？ 싫어하는 채소는 뭐야?

예 🧅 たまねぎ   　たまねきが きらい   。 양파를 싫어해.

① 🥕 にんじん   _____。 당근을 싫어해.

② 🥒 きゅうり   _____。 오이를 싫어해.

3 다음 단어를 ある, いる 상자에 나누세요.

```
  くるま    ほん    ビル    ひと

  ねこ    いぬ    せんせい    テレビ
```

_____ が ある。	_____ が いる。
くるま	せんせい

단어

くるま 자동차 ほん 책 ビル 빌딩 ひと 사람 せんせい 선생님 テレビ TV, 텔레비전

사쿠라　すきな　くだものは　なに？

이민호　わたしは　ももが　すき。
　　　　もも　たべる　とき　いちばん　しあわせ。

사쿠라　すきな　やさいは　なに？

이민호　そうね。　やさいは　すきじゃ　ない。
　　　　ぜんぶ　きらい。
　　　　やさい　たべないから　べんぴかな。

사쿠라　すきな　どうぶつは　なに？

이민호　わたしは　いぬが　だいすき。
　　　　それで　いえにも　かわいい　いぬが　いるよ。

사쿠라　좋아하는 과일은 뭐야?

이민호　나는 복숭아를 좋아해.
　　　　복숭아 먹을 때 가장 행복해.

사쿠라　좋아하는 채소는 뭐야?

이민호　글쎄. 채소는 좋아하지 않아.
　　　　전부 싫어해.
　　　　채소 먹지 않으니깐 변비일까?

사쿠라　좋아하는 동물은 뭐야?

이민호　나는 개를 매우 좋아해.
　　　　그래서 집에도 귀여운 개가 있어.

회화 연습

본문을 소리 내어 5번 읽고 아래와 같이 동그라미 해주세요!

사쿠라 **すきな くだものは なに？**
스 끼나 쿠다모노와 나니

なに 무엇

이민호 **わたしは ももが すき。**
와 따시와 모모가 스끼

문장체 느낌이 강해요!	회화체 느낌이 강해요!
すきだ 좋아하다	すき 좋아해
きらいだ 싫어하다	きらい 싫어해
しあわせだ 행복하다	しあわせ 행복해

もも たべる とき いちばん しあわせ。
모모 타베루 토끼 이찌 방 시아와세

'~할 때'는 「동사 기본형＋とき」의 형태입니다.

わたし 나, 저 たべる 먹다 とき 때
いちばん 가장 しあわせだ 행복하다

사쿠라 **すきな やさいは なに？**
스 끼나 야사이와 나니

야채도 채소도 일본어로는 같은 단어지만 해석할 때는 '야채'라고 하면 안 돼요. '채소'입니다. 야채는 '들에서 자라는 나물'을 말하고, 채소는 '농작물'을 일컬어요.

이민호 **そうね。やさいは すきじゃ ない。**
소 – 네 야사이와 스끼 쟈 나이

な형용사의 반말체 긍정·부정은 문법 파트에서 배울 거예요.

ぜんぶ きらい。
젬 부 키라이

やさい たべないから べんぴかな。
야사이 타베나이까라 벰 삐 까나

동사에 から가 붙으면 '~이니깐, ~때문에'라는 뜻이에요. 「~かな」는 '~일까?'라는 뜻입니다.

ぜんぶ 전부 たべない 먹지 않다 べんぴ 변비

사쿠라 **すきな どうぶつは なに？**
스 끼나 도 – 부쯔와 나니

이민호 **わたしは いぬが だいすき。**
와 따시와 이누가 다이스끼

「だい」가 붙어 '매우, 대단히'를 표현할 수 있어요. 모든 단어에 붙는 것은 아니지만, 두 단어에 특히 많이 쓰여요. 「だいすきだ」(매우 좋아하다), 「だいきらいだ」(매우 싫어하다)

それで いえにも かわいい いぬが いるよ。
소 레 데 이에니모 카와이 – 이누가 이루요

장소 뒤에 にも가 와서 '~에도'라는 뜻이 됩니다.
よ는 문장 끝에 와서 강조를 나타내요.

だいすき 매우 좋아해 それで 그래서 いえ 집
かわいい 귀엽다

な형용사의 반말체 긍정·부정

な형용사 +	だ ~다
+	じゃ ない ~지 않다
+	な + 명사 ~는

すきだ。 좋아하다.
스 끼 다

すきじゃ ない。 좋아하지 않다.
스 끼 쟈 나 이

すきな くだもの 좋아하는 과일
스 끼 나 쿠 다 모 노

「じゃ ない」 대신에 「では ない」를 쓸 수 있어요. では를 줄인 말이 じゃ랍니다. 「じゃ ない」가 더 회화체에 가깝습니다.

な형용사를 좀 더 알아보자!

かんたんだ 간단하다 **ゆうめい**だ 유명하다 **ハンサム**だ 잘생기다 **べんり**だ 편리하다
칸 딴 다   유 메 다   한 사 무 다   벤 리 다

ふべんだ 불편하다 **しあわせ**だ 행복하다 **むり**だ 무리다 **げんき**だ 건강하다
후 벤 다   시 아 와 세 다   무 리 다   겡 끼 다

じょうずだ 잘하다 **へた**だ 못하다
죠 ― 즈 다   헤 따 다

참고 「ハンサム(handsome)だ」 말고도 요즘 많이 쓰는 「イケメン」(꽃미남/만찢남)
이라는 단어가 있어요! 함께 외워두면 좋겠죠. 여성의 경우는 미인, 「美人(びじん)」
을 씁니다. *만찢남: 순정 만화를 찢고 나온 듯한 수려한 외모를 가진 남자

조사 が의 예외 4총사

조사 が와 함께 쓰는 な형용사! 조사 を(~을/를)와 함께 쓰면 틀려요.

~が すきだ	~을 좋아하다	~が じょうずだ	~을 잘하다
~が きらいだ	~을 싫어하다	~が へただ	~을 못하다

일본어를 잘하다. にほんごが じょうずだ。(O) にほんごを じょうずだ。(×)

문법 연습

1 다음 단어를 사용하여 문장을 만드세요.

な형용사
+ だ ~다
+ じゃ ない ~지 않다
+ な + 명사 ~는

かんたんだ　ゆうめいだ
べんりだ　　げんきだ

もんだい 문제　がくせい 학생
こうつう 교통　いしゃ 의사

❶ 간단한 문제 _____

　간단하다 _____

　간단하지 않다 _____

❷ 유명한 의사 _____

　유명하다 _____

　유명하지 않다 _____

❸ 편리한 교통 _____

　편리하다 _____

　편리하지 않다 _____

❹ 건강한 학생 _____

　건강하다 _____

　건강하지 않다 _____

2 다음 단어를 사용하여 문장을 만드세요.

すきだ　　きらいだ
じょうずだ　へただ

りんご 사과　　にんじん 당근
うんてん 운전　ちゅうごくご 중국어

❶ 사과를 좋아하다. _____。

❷ 당근을 싫어하다. _____。

❸ 운전을 잘하다. _____。

❹ 중국어를 못하다. _____。

1 다음 단어를 3번씩 발음해보세요.   ○ ☐ ☐

> すいか　　　　いちご
>
> にんじん　　　きゅうり

2 다음 패턴으로 말해보세요.

> りんごと みかんと ぶどうが ある。

❶ レモン 레몬　すいか 수박　もも 복숭아

❷ にんじん 당근　たまねぎ 양파　だいこん 무

> いぬと ねこが いる。

❸ ぶた 돼지　うし 소

❹ せんせい 선생님　がくせい 학생

 참깐
'~와'로 명사를 나열할 때 조사 と를 씁니다.

3 다음 패턴으로 말해보세요.

> A: たまねぎは すき？　　B: うん、すき。
>
> 　　　　　　　　　　　　　　ううん、すきじゃ ない。

❶ かしゅ / ハンサムだ　　❷ こうつう / べんりだ

❸ せんせい / げんきだ　　❹ いしゃ / ゆうめいだ

1 잘 듣고 보기에서 알맞은 가타카나를 골라 써넣으세요.

> 보기   イ   レ   サ   バ

❶ ☐ モ ン   ❷ ☐ ナ ナ

❸ ハ ン ☐ ム だ   ❹ ☐ ケ メ ン

2 잘 듣고 빈칸에 알맞은 단어를 써넣으세요.

❶ すきな ☐☐☐☐ は バナナだ。

❷ すきな やさいは ☐☐☐☐ だ。

❸ ☐☐☐☐ どうぶつは ねこだ。

❹ ううん、かんたん ☐☐☐☐ 。

3 문장을 잘 듣고, 틀린 글자를 동그라미 하고 바르게 고치세요.

예 すきな くだものは な⎯い⎯?   (に)

❶ もも たべる とき いさばん しあわせ。   ( )

❷ わたちは やさいが すきじゃ ない。   ( )

❸ ぜんぶ さらい。   ( )

❹ いえにも かわいい いねが いるよ。   ( )

わたしは　なにを　する　とき　いちばん　しあわせかな。

나는 무엇을 할 때 가장 행복할까?

なにが　すきかな。

무엇을 좋아할까?

かんがえて　みた。

생각해 봤다.

くだものの　なかでは　ももが　すき。

과일 중에서는 복숭아를 좋아해.

どうぶつの　なかでは　いぬが　すき。

동물 중에서는 개를 좋아해.

でも　やさいは　きらい。

하지만 채소는 싫어해.

やさいを　たべないから　べんぴかも。

채소를 먹지 않기 때문에 변비일지도 (몰라).

これからの　しあわせの　ためにも　やさいを　たべよう。

앞으로의 행복을 위해서라도 채소를 먹어야지.

단어

しあわせだ 행복하다　する 하다　とき 때　いちばん 가장　〜かな 〜할까　かんがえる 생각하다　〜て みる 〜해보다
〜て みた 〜해봤다　なか 중　では 에서는　でも 하지만　〜かも 〜일지도 (몰라)　これからの 앞으로의　명사+の+ためにも
〜을 위해서라도　たべる 먹다　たべよう 먹어야지

1 다음 문장을 따라 써보세요.

わたしは なにを する とき いちばん しあわせかな。

✎ ......

なにが すきかな。かんがえて みた。

✎ ......

くだものの なかでは ももが すき。

✎ ......

どうぶつの なかでは いぬが すき。

✎ ......

でも やさいは きらい。

✎ ......

やさいを たべないから べんぴかも。

✎ ......

これからの しあわせの ためにも やさいを たべよう。

✎ ......

2 다음 문장을 일본어로 써보세요.

복숭아를 좋아해.

✎ ......

당근을 싫어해.

✎ ......

개와 돼지가 있다.

✎ ......

문화

日本人の しあわせ
니혼진노 시아와세

일본인의 행복

幸せを感じる瞬間は？ 1位から10位
행복을 느끼는 순간은? 1위부터 10위

1위	맛있는 것을 먹고 있을 때	おいしいものを食べているとき 오이시— 모노오 타베떼 이루 토끼
2위	자고 있을 때	寝ているとき 네떼 이루 토끼
3위	연인과 함께일 때	恋人と一緒のとき 코이비또또 잇쇼노 토끼
4위	가족 단란할 때	家族だんらんのとき 카조꾸단란노 토끼
5위	취미에 몰두하고 있을 때	趣味に没頭しているとき 슈미니 봇또—시떼 이루 토끼
6위	아이와 함께 있는 시간	子供と一緒の時間 코도모또 잇쇼노 지깡
7위	여행을 하고 있을 때	旅行をしているとき 료꼬—오 시떼 이루 토끼
8위	애완동물과 놀고 있을 때	ペットと遊んでいるとき 펫또또 아손데 이루 토끼
9위	부부 오붓한 시간	夫婦水入らずの時間 후—후미즈이라즈노 지깡
10위	술을 마시고 있을 때	お酒を飲んでいるとき 오사께오 논데 이루 토끼

여러분은 무엇을 할 때 가장 행복한가요?
〈일본인이 행복을 느끼는 순간〉에서도 알 수 있듯이 행복은 꼭 멀리 있지도, 거창한 것도 아니었어요. 작지만 소박한 행복! 여러분도 주변에서 많이 느껴보세요.

자료 출처 : https://ranking.goo.ne.jp/ranking/38352/

어떻게 일본인에게 왕초보 티 나지 않게,
정중하게 거절을 잘할 수 있을까요?

~は ちょっと…
와　　촛　또

~은 좀…

길고 장황하게 "이런저런 이유로 싫습니다, 못 하겠습니다"라고 말할 필요 없습니다.
짧고 굵은 한마디! "그건 좀… " 일본인이 정말 많이 쓰는 표현입니다.

회의 미팅 시간을 내일로 잡아도 될까요?

あしたは ちょっと…。
아 시 따 와　　촛　또

내일은 좀… (곤란합니다).

점심 메뉴는 라면으로 합시다.

ラーメンは ちょっと…。
라 － 멩 와　　촛　또

라면은 좀… (먹고 싶지 않아요).

소개받은 남자 어땠어요?

かれは ちょっと…。
카 레 와　촛　또

그는 좀… (내 스타일이 아니에요).

이것으로 결정합시다.

それは ちょっと…。
소 레 와　　촛　또

그건 좀… (아닌 것 같아요).

정말로 행복한 사람으로 살아가기 위해서는 '거절'도 잘해야 된다고 생각합니다.
하기 싫은 일을 억지로 한다고 행복해지지는 않잖아요.
꼭 외워두세요. 정말로 유용한 만능 일본어입니다^^

4

몇 시에 만나?

なんじに あう？

동사 반말체

동사	+	기본형	동사	하다
	+	ない형	동사	하지 않다

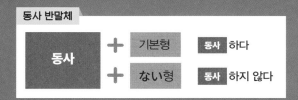

 토닥토닥 응원 메시지

히라가나는 익숙해진 것 같은데 가타카나는 아직 다 외울 자신이 없나요?

가타카나가 보이기 시작하면 식은땀부터 나나요?

사실 선생님도 일본어 공부를 시작하고 2년이 지날 때까지 가타카나가 헷갈리고 자신이 없었답니다.

어쩌면 여러분이 더 잘하는 것일 수도 있어요.

가타카나 글자는 70% 정도만 알아두고, 나머지는 단어와 문장을 읽어보며 익숙해지는 방법을 추천해요.

가타카나를 완벽히 외우지 못했다며 발목 잡혀 실망하지 마세요! 눈에 익는 순간 금방 외워질 거예요.

1 보기에서 알맞은 단어를 골라 빈칸에 써넣으세요.

> **보기**　りんご　みかん　ぶどう　すいか　バナナ

❶ 포도 [　　　　] ❷ 수박 [　　　　]

❸ 바나나 [　　　　] ❹ 사과 [　　　　]

> **보기**　にんじん　たまねぎ　きゅうり　だいこん　じゃがいも

❺ 당근 [　　　　] ❻ 오이 [　　　　]

❼ 양파 [　　　　] ❽ 감자 [　　　　]

2 다음 문장을 일본어로 완성하세요.

❶ 과일을 좋아하다.　　　くだもの＿＿＿＿＿ すきだ。

❷ 일본어를 잘하다.　　　にほんご＿＿＿＿＿ じょうずだ。

❸ 건강한 선생님.　　　　＿＿＿＿＿＿＿ せんせい。

❹ 건강하다.　　　　　　＿＿＿＿＿＿＿＿。

❺ 건강하지 않다.　　　　＿＿＿＿＿＿＿＿＿。

❻ 자동차가 있다.　　　　くるまが ＿＿＿＿＿。

❼ 개가 있다.　　　　　　いぬが ＿＿＿＿＿。

❽ 좋아하는 채소는 뭐야?　すきな ＿＿＿＿＿＿ は なに？

❾ 전부 싫어해.　　　　　ぜんぶ ＿＿＿＿＿。

❿ 집에도 귀여운 개가 있어.　いえにも かわいい いぬが ＿＿＿＿＿よ。

02 단어

숫자, 시간, 분

숫자

1	2	3	4	5	6	7	8	9	10
いち	に	さん	し/よん	ご	ろく	しち/なな	はち	きゅう/く	じゅう
이찌	니	상	시 용	고	로꾸	시찌 나나	하찌	큐 - 쿠	쥬 -

시간

1시	2시	3시	4시	5시	6시
いちじ	にじ	さんじ	よじ	ごじ	ろくじ
이찌지	니지	산 지	요지	고지	로꾸지

7시	8시	9시	10시	11시	12시
しちじ	はちじ	くじ	じゅうじ	じゅういちじ	じゅうにじ
시 찌지	하찌지	쿠지	쥬 - 지	쥬 - 이찌지	쥬 - 니지

일본인은 4를 し, 9를 く라고 읽는 것을 꺼려요. し는 죽음(死)과 발음이 같고 く는 고생(苦)과 발음이 똑같기 때문이에요. 하지만 예외로 9시는 くじ라고 읽습니다. 숫자 0은 **ゼロ**(제로) 혹은 **れい**(레-)라고 해요.

분

1분	2분	3분	4분	5분
いっぷん	にふん	さんぷん	よんぷん	ごふん
입 뿡	니 훙	삼 뿡	욤 뿡	고 훙

6분	7분	8분	9분	10분
ろっぷん	ななふん	はっぷん	きゅうふん	じゅっぷん
롭 뿡	나 나 훙	합 뿡	큐 - 훙	쥽 뿡

> **잠깐**
> 나이가 많으신 분은
> 「じゅっぷん」을
> 「じっぷん」으로
> 발음하기도 해요.

1분~10분까지 세세히 외우지 않아도 괜찮아요. '1시 1분이에요'라고까지 말하지는 않잖아요.
5분, 10분 정도만 외워도 좋을 것 같아요^^

15분	じゅうごふん 쥬-고훙	20분	にじゅっぷん 니쥽뿡
25분	にじゅうごふん 니쥬-고훙	30분/반	さんじゅっぷん 산쥽뿡 / はん 항
45분	よんじゅうごふん 욘쥬-고훙	50분	ごじゅっぷん 고쥽뿡

1 다음 전화번호를 일본어로 써넣으세요.

0 1 0 - 1 3 4 5 - 6 7 8 9

ゼロ　いち　[　]　の　いち　[　]　よん　ご　の　ろく　なな　はち　きゅう

0 1 0 - 2 8 0 6 - 5 8 9 0

[　][　]ゼロ　[　]　に　[　]ゼロ　ろく　の　[　][　][　]ゼロ

> 잠깐
> 전화번호의 '-'은 일본어로 の라고 읽어요.
> 7(しち)은 1(いち)과 헷갈릴 수 있어서「なな」라고 읽습니다.

2 그림의 시계가 몇 시 몇 분인지 일본어로 써넣으세요.

예  4시 30분　　　よじ　はん

❶ 3시 15분

❷ 6시 20분

❸ 12시 30분

❹ 9시

동사의 분류

일본어 동사는 う단(う계열)으로 끝나요. 입다 **きる**(RU) 먹다 **たべる**(RU) 살다 **すむ**(MU)

이제 동사를 3가지 그룹으로 나눌 거예요.

3그룹을 나누는 이유는 그룹에 따라 부정형, 정중형, 과거형 등 형태가 달라지기 때문이에요.

떨거지 1그룹	단순하고 착한 2그룹	암기해야 할 3그룹
2, 3그룹이 아닌 나머지 동사	i+**る** e+**る**	암기 2개뿐!

엄청 많다!

かう 사다 카 우	**あう** 만나다 아 우
いく 가다 이 꾸	**かく** 쓰다 카 꾸
はなす 이야기하다 하 나 스	**まつ** 기다리다 마 쯔
しぬ 죽다 시 누	**のむ** 마시다 노 무
よむ 읽다 요 무	**のる** 타다 노 루
わかる 알다 와 까 루	

2그룹:
おきる 일어나다 ki+**る**
오 끼 루

たべる 먹다 be+**る**
타 베 루

3그룹:
くる 오다
쿠 루

する 하다
스 루

예외 1그룹 동사

생긴 건 2그룹인데 1그룹에 속하는 '예외 1그룹 동사'가 있어요. 우선 3개만 알려드릴게요.
아래 3개는 1그룹이라고 그냥 외워주세요^^

かえる 돌아가다(오다)
카 에 루

はしる 달리다
하 시 루

しる 알다
시 루

동사 기본형(의식주)

의 입다 **きる**   식 먹다 **たべる**   주 살다 **すむ**

동사의 공통점을 찾았나요? 우리나라는 '～(하)다'로 끝나죠? 일본에서는 う단(う계열)으로 끝나요.

문장 연습

1 다음 동사를 1,2,3그룹으로 나누세요.

かう   あう   いく   かく   はなす   まつ   もつ

しぬ   あそぶ   のむ   わかる   ある   のる   はしる

みる   たべる   おきる   おしえる   する   くる

1그룹	2그룹	3그룹
かう		

힌트

1그룹 동사는 14개, 2그룹 동사는 4개, 3그룹 동사는 2개.
아직 단어 뜻은 몰라도 괜찮아요. 형태만 보고 1,2,3그룹으로
나눌 수 있으면 돼요.

2 다음 빈칸에 알맞은 단어를 써넣으세요.

❶ 옷을 입다   ふくを ＿＿＿＿＿＿＿＿。

❷ 밥을 먹다   ごはんを ＿＿＿＿＿＿＿＿。

❸ 아파트에 살다   アパートに ＿＿＿＿＿＿＿＿。

잠깐

일본의 아파트는 우리나라 아파트와 달라요. 일본 아파트는 목조나
철근으로 지어진 저층 공동주택으로, 2~3층 건물이 가장 많아요.
내부는 원룸 형태로 그다지 넓지 않아요.

이민호 　なんじに　あう？

사쿠라 　そうね。

이민호 　ごはん　たべる？

사쿠라 　ううん、　たべない。

이민호 　コーヒー　のむ？

사쿠라 　ううん、　のまない。

이민호 　えいが　みる？

사쿠라 　ううん、　みない。

이민호 　そうしたら　なに　する？

사쿠라 　ごめん。　きょうは　なにも　したく　ない。
　　　　いえで　ゆっくり　やすみたい。

이민호	몇 시에 만나?
사쿠라	글쎄.
이민호	밥 먹을래?
사쿠라	아니. 안 먹어.
이민호	커피 마실래?
사쿠라	아니. 안 마셔.
이민호	영화 볼래?
사쿠라	아니. 안 볼래.
이민호	그러면 뭐 할래?
사쿠라	미안. 오늘은 아무것도 하고 싶지 않아. 집에서 푹 쉬고 싶어.

| 이민호 | **なんじに あう？**
난 지니 아우 | なんじ 몇 시 시간+に ~에 あう 만나다 |

| 사쿠라 | **そうね。**
소 – 네 | そうね 글쎄 |

| 이민호 | **ごはん たべる？**
고 항 타베루 | 회화에서는 동사 기본형에 끝말을 올리면 '~할래?'라고 물어보는 문장이 됩니다.
ごはん 밥 たべる 먹다 |

| 사쿠라 | **ううん、たべない。**
우 웅 타 베 나 이 | 동사에 ない가 붙으면 부정형이 돼요. 동사의 반말체 부정형(ない형)은 문법 파트에서 배울 예정입니다. 「たべない」는 '먹지 않다'라는 뜻이지만 회화체에서 '안 먹어'라고도 할 수 있어요. |

| 이민호 | **コーヒー のむ？**
코 – 히 – 노무 | コーヒー 커피 のむ 마시다 |

| 사쿠라 | **ううん、のまない。**
우 웅 노마나이 | のまない 마시지 않다 |

| 이민호 | **えいが みる？**
에 – 가 미루 | えいが 영화 みる 보다 |

| 사쿠라 | **ううん、みない。**
우 웅 미 나 이 | みない 보지 않다 |

| 이민호 | **そうしたら なに する？**
소 – 시 따라 나니 스루 | そうしたら 그러면, 그렇다면 なに 무엇 する 하다 |

| 사쿠라 | **ごめん、きょうは なにも したく ない。**
고 멩 쿄 – 와 나니모 시따꾸 나이

いえで ゆっくり やすみたい。
이 에 데 육 꾸리 야스미따이 | 집(家)을 말할 때는 「いえ」「うち」 모두 쓸 수 있어요. 「いえ」는 house 일반적인 건물의 느낌이 강하고 「うち」는 home 우리 집의 소유 느낌이 강해요. 일본인은 둘 다 일상적으로 많이 써요.
동사에 たい가 붙어서 '~하고 싶다'는 뜻을 나타내요. 자세히는 8과에서 배울 거예요.
たべる 먹다 – たべたい 먹고 싶다

ごめん 미안(해) きょう 오늘 なにも 아무것도
したい 하고 싶다 したくない 하고 싶지 않다
いえ 집 장소+で ~에서 ゆっくり 천천히, 푹
やすむ 쉬다 やすみたい 쉬고 싶다 |

동사의 부정형

たべる 먹다 → **たべない** 먹지 않다
타 베 루 　　　　　　타 베 나 이

위와 같이 **ない**가 붙어서 부정형을 만들 수 있어요.
앞에서 배운 동사의 분류로 1, 2, 3그룹에 따라 부정형 만드는 방법이 달라요. 정신 집중!

1그룹	2그룹	3그룹
う단 → あ단 + ない	る → ない	くる → こない する → しない

*う단이랑 あ단이 뭐지?

あ	か	さ	た	な	は	ま	や	ら	わ	**あ단**
い	き	し	ち	に	ひ	み		り		
う	く	す	つ	ぬ	ふ	む	ゆ	る		**う단**
え	け	せ	て	ね	へ	め		れ		
お	こ	そ	と	の	ほ	も	よ	ろ	を	

위와 같이 う계열(うくすつぬ…)로 끝나는 것을 う단이라고 해요.
1그룹 동사는 이 う단을 あ계열(あかさたな…), 즉 あ단으로 바꾸는 게 규칙이에요.

| 1그룹 동사 | う단을 あ단으로 + ない

　　　いく 가다　→　**い**かない　가지 않다
　　　のる 타다　→　**の**らない　타지 않다
　　　かう 사다　→　**か**わない　사지않다

　　　예외 う 　かう처럼 う를 あ로 바꾸면 かあない가 되지만, 이건 틀린 거예요! あ 대신에 わ를 써요!
　　　　　　하나 더 해보면 あらう 씻다 → あらあない (×) あらわない (O)

| 2그룹 동사 | る 떼고 + ない

　　　たべる　먹다　→　**たべ**ない 먹지 않다
　　　おきる　일어나다　→　**おき**ない 일어나지 않다

| 3그룹 동사 | 2개뿐이니까 무조건 암기!

　　　くる　→　こない 오지 않다
　　　する　→　しない 하지 않다

1 **다음 동사의 부정형을 빈칸에 써넣으세요.** 한번에 다 외우긴 힘들어요. 처음엔 동사 10개만 골라서 외워보세요!

의미	동사	부정형
사다	かう	かわない
만나다	あう	
씻다	あらう	
기다리다	まつ	
(사진을) 찍다	とる	
만들다	つくる	
돌아가다(오다)	かえる	
타다	のる	
죽다	しぬ	
놀다	あそぶ	
부르다	よぶ	
마시다	のむ	
읽다	よむ	
쉬다	やすむ	

의미	동사	부정형
쓰다	かく	
가다	いく	
듣다	きく	
수영하다	およぐ	
이야기하다	はなす	
먹다	たべる	
나가다	でる	
일어나다	おきる	
(전화를) 걸다	かける	
자다	ねる	
보다	みる	
가르치다	おしえる	
하다	する	
오다	くる	

2 **다음 예와 같이 문장을 부정형으로 바꾸세요.**

예 가방을 사다. **かばんを かう。** → <u>　　かばんを　かわない　　</u>。

❶ 술을 마시다. **さけを のむ。** → <u>　　　　　　　　　　　　　</u>。

❷ TV를 보다. **テレビを みる。** → <u>　　　　　　　　　　　　　</u>。

❸ 운전하다. **うんてんする。** → <u>　　　　　　　　　　　　　</u>。

술이라고 할 때 さけ, おさけ 모두 쓸 수 있어요.
명사 앞에 お를 붙여서 예쁘게, 품위 있게 표현하기도 해요.
이런 걸 '미화어'라고 해요.

단어
かばん 가방　さけ 술　テレビ TV　うんてん 운전

1 다음 단어를 3번씩 발음해보세요. ○ ☐ ☐

> よじ　　　　　　　　くじ
>
> ごふん　　　　　　　じゅっぷん
>
> ふくを　きる。　　　ごはんを　たべる。
>
> アパートに　すむ。

2 다음 패턴으로 말해보세요.

> コーヒーを　のまない。（のむ）

① ごはんを ＿＿＿＿＿＿。（たべる）

② ふくを ＿＿＿＿＿＿。（きる）

③ アパートに ＿＿＿＿＿＿。（すむ）

④ バスに ＿＿＿＿＿＿。（のる）

> **꿀팁**
> 「～に のる」(~을 타다)는 통째로 외워주세요.

3 다음 패턴으로 말해보세요.

> A: ごはん　たべる？　　B: うん、たべる。
>
> 　　　　　　　　　　　　ううん、たべない。

① コーヒー のむ　　　② いえで やすむ

③ えいが みる　　　　④ しゃしん とる

단어

いえ 집　장소+で ~에서　やすむ 쉬다　しゃしん 사진　とる 찍다

1 잘 듣고 빈칸에 알맞은 글자를 써넣으세요.

❶ ぜ ☐

❷ ☐ ち

❸ ☐ ち

❹ じゅう ☐ ふん

❺ にじゅっ ☐ ん

2 잘 듣고 빈칸에 알맞은 단어를 써넣으세요.

❶ A: バスに のる？　　　B: ううん、☐。

❷ A: さけを のむ？　　　B: ううん、☐。

❸ ☐ に いく。

❹ A: いま、なんじ？　　　B: くじ ☐ だよ。

3 다음 문장을 잘 듣고, 틀린 글자를 동그라미 하고 바르게 고치세요.

예 なんじ(へ) あう？　　　　　　　　　(に)

❶ ううん、 たべねい。　　　　　　　　( )

❷ えいか みる？　　　　　　　　　　　( )

❸ いえで やすめたい。　　　　　　　　( )

❹ きょうは なにま したく ない。　　　( )

きょうの さくらは いつもと ちがう。

오늘 사쿠라는 평소와 다르다.

ごはんも たべない。

밥도 먹지 않는다.

コーヒーも のまない。

커피도 마시지 않는다.

えいがも みない。

영화도 보지 않는다.

いえで ゆっくり やすみたいと いう。

집에서 푹 쉬고 싶다고 말한다.

わたしも きょうは なにも したく ない ひだ。

나도 오늘은 아무것도 하고 싶지 않은 날이다.

단어

きょう 오늘　いつも 항상, 평소　いつもと 평소와　ちがう 다르다　ごはん 밥　～という ～라고 말하다　～も ～도　なにも 아무것도
ひ 해, 날

1 다음 문장을 따라 써보세요.

きょうの さくらは いつもと ちがう。

✎ ....

ごはんも たべない。

✎ ....

コーヒーも のまない。

✎ ....

えいがも みない。

✎ ....

いえで ゆっくり やすみたいと いう。

✎ ....

わたしも きょうは なにも したく ない ひだ。

✎ ....

2 다음 문장을 일본어로 써보세요.

옷을 입다. / 입지 않다.

✎ ....

밥을 먹다. / 먹지 않다.

✎ ....

아파트에 살다. / 살지 않다.

✎ ....

12시에 만나다.

✎ ....

일본인의 시간관념

feat. 센세의 경험담

예전에 가이드 일을 잠깐 한 적이 있는데요.
한국인에게 "내일 아침 8시까지 로비에 모여주세요."
라고 하면 보통 8시부터 모이기 시작하여 8시 10분
~15분 되어야 출발할 수가 있었어요. 머리 드라이
때문에 8시 30분까지 기다려본 적도 있고요.
하지만 일본인에게 "내일 아침 8시까지 로비에 모여
주세요."라고 하면 다들 7시 45분부터 모이기 시작
하여 8시에 차질 없이 출발할 수 있었어요.

무역회사에서 영업 일을 했을 때도 시간 관련된 에피소드가 있어요.
한국인 고객을 만날 때는 "2시까지 고객님 집에 도착하겠습니다."라고 하면 1시 45분에 도착하든, 2시에
도착하든, 2시 10분에 도착하든 도착하는 대로 고객님 집의 초인종을 눌렀습니다.
그러나 일본인 고객을 만날 때는 "2시까지 고객님 집에 도착하겠습니다."라고 하면 1시 59분을 지나 2시
00분에 초인종을 눌러야 했습니다. 15분 전에 고객님 집 앞에 도착해도 15분 동안 집 앞을 배회했던 기억
이 납니다.
일본인 상사에게 "한국인은 보통 2시 언저리에 방문합니다. 1분 1초까지 신경 쓰지 않아요."라고 했더니,
고객에게 사정이 있을 수도 있고, 다른 중요한 일을 하고 있을 수도 있기 때문에 폐를 끼치고 싶지 않다고
했어요. 그러면서 일본인은 다른 사람에게 폐를 끼치지 않으려고 어릴 때부터 교육을 받다 보니 이런 문화
가 자연스러운 것이라고 하더라고요.

여러분도 혹시 일본인과 비즈니스를 하게 될 일이 있나요?
그러면 절대 '약속의 8시'는 우리가 생각하는 8시가 아닙니다!
항상 10분 전이라 생각하고 미리 대비하세요.^^

8시까지 로비에 모여주세요.

はちじまでに ロビーに あつまって ください。
하 찌 지 마 데 니 　 로 비 - 니 　 아 쯔 맛 떼 　 쿠 다 사 이

'천천히'라는 말은 참 편리하게 언제 어디서든 쓸 수 있고, 공손하기까지 해요.
왕초보 티 안 나게 쓸 수 있는 최적의 일본어라고 할 수 있어요.

ごゆっくり。
고　육　꾸　리

천천히

「ゆっくり」는 '천천히, 서서히, 느긋하게, 충분히'라는 뜻을 가진 부사예요.
앞에 ご를 붙이면 좀 더 공손한 표현이 됩니다.
사전적으로는 '천천히'라는 뜻이지만 실생활에선 더욱 다양하게 쓰여요.

음식을 내어주며

ごゆっくり。
천천히 드세요.
많이 드세요. 맛있게 드세요.

집에 초대해서는

ごゆっくり。
천천히 있다 가세요.
느긋하게 있어주세요. 편하게 계세요.

상대가 어떤 행동을 하려고 할 때도

ごゆっくり。
천천히 해주세요. 편하게 해주세요.
부담 없이 해주세요.

고객에게 자리를 안내하면서

ごゆっくり。
편한 시간 되세요.
즐거운 시간 되세요.

등과 같이 다양한 경우에 쓸 수 있는 말입니다.
정말 만능입니다!

여러분도 일본어를

ごゆっくり。
편하게 즐겨주세요.

5

몇 명 가족입니까?

なんにん かぞくですか。

명사 정중체 긍정·부정

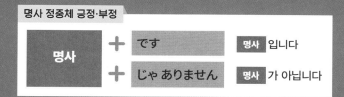

| 명사 | + | です | 명사 | 입니다 |
| | + | じゃ ありません | 명사 | 가 아닙니다 |

 토닥토닥 응원 메시지

여러분 정말 기특합니다! 1/3 진도를 잘 따라왔다는
건 아무나 할 수 있는 일이 아니에요.
지금까지 어려운 부분도 있었을 것이고 이해가 가지 않
는 부분도 있었을 거예요.
하지만 제가 확실히 말씀드릴 수 있습니다.
12과까지 다 마치고 복습할 때는 그런 어려움이, 희미
함이 사라질 것입니다.
그러니 꼭 12과까지 힘내주세요^^
이번 과부터는 정중체를 배워볼 거예요. 예의 바른 사
람으로 거듭나기 위한 첫걸음, 함께해주세요.

1 빈칸에 알맞은 말을 써넣으세요.

숫자와 시간

1 いち	2 に	3	4 し/よん	5 ご	6	7 しち/なな	8 はち	9 きゅう/く	10 じゅう
1시 いちじ	2시 にじ	3시 さんじ	4시	5시 ごじ	6시 ろくじ	7시	8시 はちじ	9시	10시 じゅうじ

분

15분		20분	
25분	にじゅうごふん	30분/반	/　はん
45분	よんじゅうごふん	50분	ごじゅっぷん

2 다음 동사를 부정형으로 바꾸세요.

1그룹 동사

いく → _____
　　　　　가지 않다

のる → _____
　　　　　타지 않다

かう → _____
　　　　　사지 않다

2그룹 동사

たべる → _____
　　　　　먹지 않다

おきる → _____
　　　　　일어나지 않다

3그룹 동사

くる → _____
　　　　　오지 않다

する → _____
　　　　　하지 않다

3 다음 빈칸을 채워 문장을 완성하세요.

❶ 밥 먹을래?　　　　　ごはん _____ ?

❷ 영화 볼래?　　　　　えいが _____ ?

❸ 집에서 푹 쉬고 싶어.　　いえで _____ やすみたい。

나의 가족을 말할 때

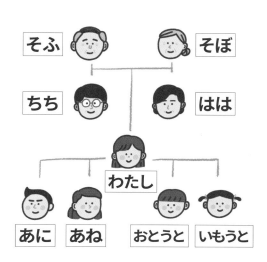

そふ	할아버지	소 후
そぼ	할머니	소 보
ちち	아버지	치 찌
はは	어머니	하 하
あに	형, 오빠	아 니
あね	언니, 누나	아 네
わたし	나	와 따 시
おとうと	남동생	오 또 또
いもうと	여동생	이 모 또

남의 가족을 말할 때

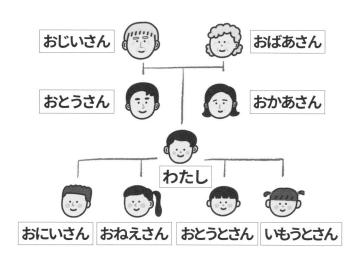

おじいさん	할아버지	오 지 상
おばあさん	할머니	오 바 상
おとうさん	아버지	오 또 상
おかあさん	어머니	오 까 상
おにいさん	형, 오빠	오 니 상
おねえさん	언니, 누나	오 네 상
おとうとさん	남동생	오 또 또 상
いもうとさん	여동생	이 모 또 상

내 가족을 내가 직접 부를 때도 쓸 수 있어요.
おねえさん、これ たべる？　언니, 이거 먹을래?

03 단어 연습

1 나의 가족사진을 보고 빈칸을 일본어로 써넣으세요.

남동생

오빠

나

2 남의 가족을 말할 때 알맞은 단어를 연결하세요.

할아버지 ●　　　　　　● おねえさん

할머니 ●　　　　　　● おとうさん

아버지 ●　　　　　　● おかあさん

어머니 ●　　　　　　● おにいさん

형, 오빠 ●　　　　　　● おとうとさん

언니, 누나 ●　　　　　　● いもうとさん

남동생 ●　　　　　　● おじいさん

여동생 ●　　　　　　● おばあさん

なんにん かぞくですか。 몇 명 가족입니까?
난　닝　카조꾸데스까

ろくにん かぞくです。 6명 가족입니다.
로꾸닝　카조꾸데스

いち	に	さん	し/よん	ご	ろく	しち/なな	はち	きゅう/く	じゅう
1명	2명	3명	4명	5명	6명	7명	8명	9명	10명
ひとり	ふたり	さんにん	よにん	ごにん	ろくにん	しちにん 시찌닝 ななにん 나나닝	はちにん 하찌닝	きゅうにん 큐-닝 くにん 쿠닝	じゅうにん 쥬-닝
히또리	후따리	산닝	요닝	고닝	로꾸닝				
1세	2세	3세	4세	5세	6세	7세	8세	9세	10세
いっさい	にさい	さんさい	よんさい	ごさい	ろくさい	ななさい	はっさい	きゅうさい	じゅっさい
잇사이	니사이	산사이	욘사이	고사이	록사이	나나사이	핫사이	큐-사이	쥿사이

ちちと ははと いもうとが います。
치찌또　하하또　이모-또가　이마스

아버지와 어머니와 여동생이 있습니다.

3과에서 배웠던 내용이에요. 사물이 있을 때와 사람, 동물이 있을 때가 각각 다르게 쓰입니다.

있다	ある	사물이 있을 때
	いる	사람, 동물이 있을 때

여기선 사람이 있는 것이니깐 いる(있다) – います(있습니다)를 썼어요.

おねえさんは なんさいですか。 언니(누나)는 몇 살입니까?
오네-　상　와　난　사이데스까

あねは にじゅうにさいです。 언니(누나)는 22세입니다.
아네와　니쥬-니사이데스

자신의 언니(누나)를 이야기할 때는 **あね**, 남의 언니(누나)를 이야기할 때는 **おねえさん**을 씁니다.

1 다음 예와 같이 빈칸을 채워 문장을 완성하세요.

예

A: なんにん かぞくですか。

B: よにん かぞくです。

<u>ちちと ははと おとうと</u>が います。

A: <u>おとうとさん</u>は なんさいですか。

B: <u>おとうと</u>は <u>ごさい</u>です。

❶

A: なんにん かぞくですか。

B: ⬚⬚⬚⬚ かぞくです。

そふと そぼと ⬚⬚⬚と ⬚⬚⬚と

あにと おとうとが います。

A: おとうさんは なんさいですか。

B: ⬚⬚は ⬚⬚⬚⬚⬚です。

❷

A: なんにん かぞくですか。

B: ⬚⬚⬚⬚ かぞくです。

⬚⬚⬚と ⬚⬚⬚と ちちと ははと

いもうとが います。

A: いもうとさんは なんさいですか。

B: ⬚⬚は ⬚⬚⬚⬚です。

다나카 イさんは　なんにん　かぞくですか。

이민호 ごにん　かぞくです。

다나카 だれと　だれが　いますか。

이민호 ちちと　ははと　あねと　おとうとが　います。

다나카 ふたり　きょうだいですね。

이민호 いいえ、　ふたりじゃ　ありません。さんにん　きょうだいですよ。

다나카 みんな　かいしゃいんですか。

이민호 いいえ、　あねは　こうむいんで、　おとうとは　だいがくせいです。

다나카 おねえさんは　なんさいですか。

이민호 あねは　さんじゅっさいです。

다나카 おとうとさんは　なんさいですか。

이민호 おとうとは　にじゅうにさいです。

다나카	이 씨는 몇 명 가족입니까?
이민호	5명 가족입니다.
다나카	누구와 누가 있습니까?
이민호	아버지와 어머니와 누나와 남동생이 있습니다.
다나카	2명 남매군요.
이민호	아니요, 2명이 아닙니다. 3명 남매(삼남매)예요.
다나카	모두 회사원입니까?
이민호	아니요, 누나는 공무원이고 남동생은 대학생입니다.
다나카	누나는 몇 살입니까?
이민호	누나는 30세입니다.
다나카	남동생은 몇 살입니까?
이민호	남동생은 22세입니다.

회화 연습

다나카 **イさんは なんにん かぞくですか。**
이 상 와 난 닝 카조꾸데스 까

의문문인데 왜 물음표가 없을까요? 일본어는 옛날부터 물음표를 쓰지 않고, か가 물음표의 기능을 대신했어요. 물음표는 서양문물이 들어온 후 사용하게 된 거예요. 지금은 반말 회화체에서 물음표를 사용하고 있어요.
「かぞく？」가족이야?
「かぞくですか。」가족입니까?

なんにん 몇명 **かぞく** 가족

이민호 **ごにん かぞくです。**
고 닝 가조꾸데스

다나카 **だれと だれが いますか。**
다 레또 다 레 가 이마스 까

だれ 누구 **～と** ~와 **います** 있습니다 - **いますか** 있습니까?

이민호 **ちちと ははと あねと おとうとが います。**
치찌또 하하또 아네또 오또-또가 이마스

다나카 **ふたり きょうだいですね。**
후 따리 쿄-다이데스 네

형제, 남매 모두 「きょうだい」입니다. 한자로 쓰면 형제(兄弟), 남매(兄妹)로 다릅니다.

이민호 **いいえ、ふたりじゃ ありません。**
이-에 후따리 쟈 아리마 셍

さんにん きょうだいですよ。
산 닝 쿄-다이데스요

명사의 정중체 긍정·부정은 문법 파트에서 상세히 배울 거예요.

종조사 ね/よ 둘 다 문장 끝에 올 수 있어요.

~ね	~よ
확인, 동의	강조
'~군요'로 해석하는 경우가 많아요.	'~예요'로 해석하는 경우가 많아요.

다나카 **みんな かいしゃいんですか。**
민 나 카이 샤 인 데스 까

みんな 모두 **かいしゃいん** 회사원

이민호 **いいえ、あねは こうむいんで、**
이-에 아네와 코-무 인 데

반말체 : 응 / 아니	정중체 : 네 / 아니요
うん / ううん	はい / いいえ

おとうとは だいがくせいです。
오또-또와 다이 각 세-데스

명사에 で가 붙어서 '~이고'라는 뜻이에요.

こうむいん 공무원 명사+で ~이고
だいがくせい 대학생

다나카 **おねえさんは なんさいですか。**
오네- 상 와 난 사이데스 까

'몇 살입니까?'라고 말할 때 「おいくつですか。」도 많이 씁니다.

なんさい 몇살, 몇 세

이민호 **あねは さんじゅっさいです。**
아네와 산 쥿 사이데스

다나카 **おとうとさんは なんさいですか。**
오또-또 상 와 난 사이데스 까

이민호 **おとうとは にじゅうにさいです。**
오또-또와 니 쥬-니사이데스

문법

명사의 정중체 긍정·부정

명사	**+**	**です** ~입니다
	+	**じゃ ありません** ~이(가) 아닙니다

かぞくです。　　가족입니다.
카 조 꾸 데 스

かぞくじゃ ありません。　가족이 아닙니다.
카 조 꾸 쟈　　아 리 마 셍

〈~가 아닙니다〉

~では ありません

~じゃ ありません

~じゃ ないです

아래로 내려올수록
회화체 느낌이 강해요.

1과의 반말체 긍정·부정 기억나시죠?

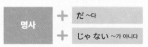

의문형 만들기와 대답하기

문장	**+**	**か**	~까?

きょうだいですか。　　　　　　　　　　　형제(남매)입니까?

はい、 そうです。 / はい、 きょうだいです。　네, 그렇습니다. / 네, 형제(남매)입니다.

いいえ、 そうじゃ ありません。　　　　아니요, 그렇지 않습니다.

いいえ、 きょうだいじゃ ありません。　아니요, 형제(남매)가 아닙니다.

~이고

명사	**+**	**で**	~이고

こちらは ちちで こちらは ははです。　이쪽은 아버지이고 이쪽은 어머니입니다.
코 찌 라 와　치 찌 데　코 찌 라 와　　하 하 데 스

こちらは あねで こちらは あにです。　이쪽은 누나(언니)이고 이쪽은 형(오빠)입니다.
코 찌 라 와　아 네 데　코 찌 라 와　　아 니 데 스

1 아래 예와 같이 만드세요.

| 명사 | + | です ~입니다 |
| | + | じゃ ありません ~이(가) 아닙니다 |

예 かぞくです。

❶ そふ ＿＿＿＿＿＿。 　　❷ そぼ ＿＿＿＿＿＿。

❸ ちち ＿＿＿＿＿＿。 　　❹ はは ＿＿＿＿＿＿。

❺ あに ＿＿＿＿＿＿。 　　❻ あね ＿＿＿＿＿＿。

❼ おとうと ＿＿＿＿＿＿。 　　❽ いもうと ＿＿＿＿＿＿。

예 かぞくじゃ ありません。

❶ イさんの おじいさん ＿＿＿＿＿＿＿＿＿。

❷ イさんの おばあさん ＿＿＿＿＿＿＿＿＿。

❸ イさんの おとうさん ＿＿＿＿＿＿＿＿＿。

❹ イさんの おかあさん ＿＿＿＿＿＿＿＿＿。

❺ イさんの おにいさん ＿＿＿＿＿＿＿＿＿。

❻ イさんの おねえさん ＿＿＿＿＿＿＿＿＿。

❼ イさんの おとうとさん ＿＿＿＿＿＿＿＿＿。

❽ イさんの いもうとさん ＿＿＿＿＿＿＿＿＿。

2 다음 빈칸에 알맞은 단어를 써넣으세요.

| 명사 | + | で | ~이고 |

❶ 김 씨는 학생이고 다나카 씨는 선생님입니다.

　　キムさんは ＿＿＿＿＿＿ たなかさんは せんせいです。

❷ 여동생은 초등학생이고 남동생은 중학생입니다.

　　いもうとは ＿＿＿＿＿＿ おとうとは ちゅうがくせいです。

단어+　しょうがくせい 초등학생　ちゅうがくせい 중학생　こうこうせい 고교생(고등학생)　だいがくせい 대학생

MP3 05-04

1 다음 단어를 3번씩 발음해보세요.   ○ □ □

> そふ / おじいさん   そぼ / おばあさん
>
> ちち / おとうさん   はは / おかあさん
>
> あに / おにいさん   あね / おねえさん
>
> おとうと / おとうとさん   いもうと / いもうとさん

2 다음 패턴으로 말해보세요.

> A: きょうだいですか。 B: はい、きょうだいです。
>
>   いいえ、きょうだいじゃ ありません。

❶ しょうがくせい

❷ ちゅうがくせい

❸ こうこうせい

❹ だいがくせい

3 다음 패턴으로 말해보세요.

> こちらは ちちで こちらは ははです。

❶ そふ / そぼ

❷ あに / あね

❸ おとうと / いもうと

❹ イさん / キムさん

1 잘 듣고 보기에서 알맞은 단어를 골라 써넣으세요.

> 보기　ひゃくさい　ごさい　ろくじゅっさい　さんじゅっさい

❶ [　　　　　　]　　　❷ [　　　　　　]

❸ [　　　　　　]　　　❹ [　　　　　　]

> 점깐
> 「ひゃくさい」로, [햐꾸사이]가 아니라
> [햑사이]라고 발음합니다.

2 잘 듣고 빈칸에 알맞은 단어를 써넣으세요.

❶ A: なんにん　きょうだいですか。

B: [　　　　　　]　きょうだいです。

❷ A: なんにん　かぞくですか。

B: [　　　　　　]　かぞくです。

❸ A: [　　　　　　]　は　なんさいですか。

B: [　　　　　　]　は　よんじゅっさいです。

3 다음 문장을 잘 듣고, 틀린 글자를 동그라미 하고 바르게 고치세요.

예　さんⓙん　きょうだいです。　　　　　　（　に　）

❶ いいえ、かぞくじゃ　あいません。　　　　（　　）

❷ あれは　さんじゅっさいです。　　　　　　（　　）

❸ なんにん　かぞくますか。　　　　　　　　（　　）

❹ なんさいですが。　　　　　　　　　　　　（　　）

읽기

MP3 05-06

ちちと　ははと　あねと　おとうとと　わたしの
ごにん　かぞくです。

아버지와 어머니와 누나와 남동생과 나 5명 가족입니다.

ちちは　ごじゅうななさいで、　うんてんしゅです。

아버지는 57세로 운전사입니다.

ははは　ごじゅうさんさいで、　ぎんこういんです。

어머니는 53세로 은행원입니다.

あねは　さんじゅっさいで、　こうむいんです。

누나는 30세로 공무원입니다.

おとうとは　にじゅうにさいで、　だいがくせいです。

남동생은 22세로 대학생입니다.

かぞく　みんな　げんきで　あかるい　せいかくです。

가족 모두 건강하고 밝은 성격입니다.

단어

うんてんしゅ 운전사　ぎんこういん 은행원　こうむいん 공무원　げんきだ 건강하다　げんきで 건강하고　あかるい 밝다
せいかく 성격

1 **다음 문장을 따라 써보세요.**

ちちと　ははと　あねと　おとうとと　わたしの　ごにん　かぞくです。

✎ ....

ちちは　ごじゅうななさいで、うんてんしゅです。

✎ ....

ははは　ごじゅうさんさいで、ぎんこういんです。

✎ ....

あねは　さんじゅっさいで、こうむいんです。

✎ ....

おとうとは　にじゅうにさいで、だいがくせいです。

✎ ....

かぞく　みんな　げんきで　あかるい　せいかくです。

✎ ....

2 **다음 문장을 일본어로 써보세요.**

2명 형제입니다.

✎ ....

4명 가족입니다.

✎ ....

가족이 아닙니다.

✎ ....

요즘 대세인 1인 가구! 그 영향으로 혼밥, 혼술 등이 유행하죠?
일본의 1인 가구에 관해서 알아봅니다.

独り暮らし
히또리구라시
1인 가구

1인 가구는 왜 증가하는 것일까요? 대학 졸업 후 자취생활을 하는 가구 이외에도 비혼주의자, 고령화에 따른 배우자 사별 및 이혼 등 다양한 원인이 있겠지요.

일본 국립 사회보장 인구문제 연구소의 자료에 따르면 2040년에 1인 가구는 일본 전체 가구의 40%를 차지할 것 이라고 예상한다네요.

혼밥, 혼술 하는 외로운 싱글족을 위한 스마트폰 로봇, 바쁜 싱글족을 위한 초소형 세탁기, 고령자를 위한 건강체크 스마트홈, 1인 가구 보안 시스템 등 다양한 제품이 일본에서는 쏟아져 나오고 있어요.

그럼 혼밥, 혼술은 뭐라고 할까요?

혼밥	혼술
一人飯（ひとりめし）	一人酒（ひとりざけ）
히또리 메시	히또리 자께

일본 도쿄 1인 가구 1개월 평균 생활비(집세 포함)는 14~16만 엔 정도라고 해요.

일본 사회 초년생의 월 평균 급여는 20.2만 엔(2020년 기준)으로, 각종 세금을 제하고 받는 실 수령액이 15~16만 엔 수준이라고 합니다.

일본에서 생활하며 돈을 모으기란 쉬운 일이 아닐 것 같아요. 어려운 환경 속에서도 꿋꿋이 살아가는 많은 1인 가구 응원합니다!

자료 출처 : https://conpaper.tistory.com/71917

가족에게 사랑을 표현하는 것은
그 어떤 것보다 소중하고 가치 있습니다.

お父さん 大好き。
오 또- 상 다 이 스 끼

아빠 사랑해요.

お母さん 大好き。
오 까- 상 다 이 스 끼

엄마 사랑해요.

한국에서는 '좋아해'와 '사랑해'를 엄연히 구분해서
말하지만, 연인이나 가족끼리도 "사랑해."라는 말을
자주 하는 편입니다. 연인이 "나 사랑해?"라고 물었
을 때 "좋아해."라고 답하면 '날 친구로만 생각하는
구나. 사랑하지 않는구나.'라며 큰일이 벌어지기도
합니다. 이렇게 한국은 "좋아해."의 감정의 무게가
제법 가벼운 느낌이 있습니다. "사랑해."라는 표현이
통상적으로 널리 쓰이는 것이지요.

반면에 일본에서의 「あいしてる」(사랑해)는 매우 책
임감 있는 말, 여러 감정이 담긴 의미 깊은 말로 가볍게 말하지 않는 경향이 있어요. 그래서 정말 깊이 사랑하고
책임감 있게 행동할 수 있는 연인에게만 써요. 가족에게 「あいしてる」라고 하면 아주 얼굴이 화끈거리고 서로 민
망해지는 이상한 상황이 벌어집니다. 그래서 가족에게는 「すき」(좋아해), 「だいすき」(매우 좋아해)라고 표현하는
것이 일반적입니다.

> 사랑해 ≠ あいしてる
>
> 일반적으로 친구, 연인, 가족끼리는 「すき」를 많이 써요.
> 책임감 있고 진중한 말 「あいしてる」는 정말 사랑할 때 신중히!

6

조금 비싸군요.

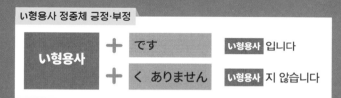

ちょっと 高_{たか}いですね。

い형용사 정중체 긍정·부정

い형용사	+	です	→	**い형용사** 입니다
	+	く ありません	→	**い형용사** 지 않습니다

🥕 **토닥토닥 응원 메시지**

여러분, 6과부터는 한자를 만나게 될 거예요. 놀라지
마세요!

갓 히라가나를 외운 여러분에게 한자까지 강요하는
것은 너무나 가혹한 일입니다-.- 하지만 한자도 엄연
히 일본어의 일부분이고 일본 초등학생도 한자 하나하
나 외우기 시작해요.

여러분에게 한자를 외우라고 하지 않아요. 다만 '이런
한자가 있구나, 이런 한자를 쓰는구나' 눈으로만 가볍
게 익혀주세요. 우리 첫걸음 수준에서는 한자와 가볍게
인사하는 정도라고 생각해주세요. 한자는 일본어 공부
를 본격적으로 시작하고 6개월쯤 후부터 외우시는 것
을 추천합니다.

1 빈칸에 알맞은 단어를 써넣으세요.

나의 가족

そふ	そぼ	ちち	はは
あに	あね	おとうと	いもうと

남의 가족

おじいさん	おばあさん		
おにいさん		おとうとさん	

몇 명

1명	2명	3명 さんにん	4명 よにん	5명 ごにん
6명 ろくにん	7명 しちにん / ななにん	8명 はちにん	9명 きゅうにん / くにん	10명 じゅうにん

몇 세

1세 いっさい	2세 にさい	3세 さんさい	4세	5세 ごさい
6세	7세 ななさい	8세	9세 きゅうさい	10세

2 다음 문장을 일본어로 완성하세요.

❶ 몇 명 가족입니까? ＿＿＿＿＿＿＿＿＿＿ かぞくですか。

❷ 누나는 몇 살입니까? おねえさんは ＿＿＿＿＿＿＿ですか。

❸ 아니요, 형제가 아닙니다. いいえ、 きょうだい＿＿＿＿＿＿＿＿＿＿＿。

❹ 누구와 누구가 있습니까? だれと だれが ＿＿＿＿＿＿＿。

❺ 누나는 30세입니다. あねは ＿＿＿＿＿＿＿です。

나의 가족을 말할 때

1개	2개	3개	4개	5개	6개	7개	8개	9개	10개
ひとつ	ふたつ	みっつ	よっつ	いつつ	むっつ	ななつ	やっつ	ここのつ	とお
히또쯔	후따쯔	밋쯔	욧쯔	이쯔쯔	뭇쯔	나나쯔	얏쯔	코꼬노쯔	토-

돈 세는 법 ～円 ～엔

1	2	3	4	5	6	7	8	9
いち	に	さん	よん	ご	ろく	なな	はち	きゅう
이 찌	니	상	용	고	로꾸	나나	하찌	큐-
10	20	30	40	50	60	70	80	90
じゅう	にじゅう	さんじゅう	よんじゅう	ごじゅう	ろくじゅう	ななじゅう	はちじゅう	きゅうじゅう
쥬-	니쥬-	산쥬-	욘쥬-	고쥬-	로꾸쥬-	나나쥬-	하찌쥬-	큐-쥬-
100	200	300	400	500	600	700	800	900
ひゃく	にひゃく	さんびゃく	よんひゃく	ごひゃく	ろっぴゃく	ななひゃく	はっぴゃく	きゅうひゃく
햐꾸	니햐꾸	삼바꾸	용햐꾸	고햐꾸	롭빠꾸	나나햐꾸	합빠꾸	큐-햐꾸
1,000	2,000	3,000	4,000	5,000	6,000	7,000	8,000	9,000
せん	にせん	さんぜん	よんせん	ごせん	ろくせん	ななせん	はっせん	きゅうせん
셍	니셍	산젱	욘셍	고셍	록셍	나나셍	핫셍	큐-셍
10,000	20,000	30,000	40,000	50,000	60,000	70,000	80,000	90,000
いちまん	にまん	さんまん	よんまん	ごまん	ろくまん	ななまん	はちまん	きゅうまん
이찌망	니망	삼망	욤망	고망	로꾸망	나나망	하찌망	큐-망
10만	100만	1,000만	1억	0				
じゅうまん	ひゃくまん	いっせんまん	いちおく	ゼロ				
쥬-망	햐꾸망	잇셈망	이찌오꾸	제로				

숫자 ＋ 円

* 4엔 : **よえん**[요엥]으로 읽어주세요! 숫자 4는 **よん**이지만 4엔은 **よえん**입니다.
* 「**ろくせん**」은 로꾸셍이 아닌 [록셍]으로 발음합니다. 발음의 편의상 [록셍]이 된 것인데, 이를 모음의 무성화라고 합니다.
* 「**いちまんえん**」(만 엔), 「**いっせんまんえん**」(천만 엔), 「**いちおくえん**」(억 엔)에는 반드시 **いち**를 붙입니다. 돈의 단위도 크니 1을 넣어 강조합니다.

1 1개부터 12개, 1부터 21까지 연결하여 그림을 완성하세요.

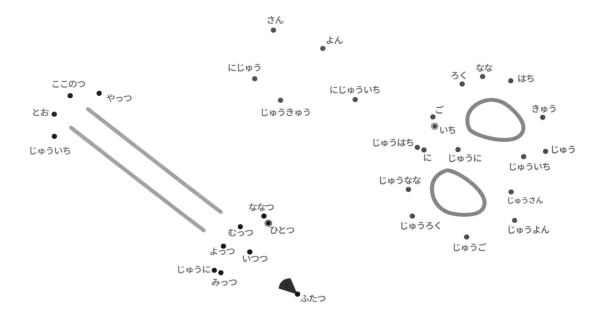

2 다음 그림의 돈은 총 얼마일까요? 일본어로 써넣으세요.

❶ 만 엔 3개 + 5천 엔 2개 = 4만 엔

❷ 천 엔 3개 + 500엔 2개 = 4천 엔

❸ 천 엔 1개 + 500엔 1개 + 10엔 3개 = 1530엔

❹ 500엔 1개 + 10엔 1개 + 5엔 1개 + 1엔 1개 = 516엔

すしは いくらですか。　초밥은 얼마입니까?
스 시 와 이 꾸 라 데 스 까

うどんは いくらですか。　가락국수는 얼마입니까?
우 동 와 이 꾸 라 데 스 까

コーヒーは いくらですか。　커피는 얼마입니까?
코 ― 히 ― 와 이 꾸 라 데 스 까

물건 가격을 물어볼 때 쓰는 표현입니다. 일본 여행을 대비하여 꼭 외워두는 것이 좋겠죠?
단순히 '~은 얼마입니까?'라고 묻기보다는 앞에 「すみません」을 붙여서
「すみません、これは いくらですか。」(실례합니다. 이것은 얼마입니까?)라고 정중히 물어보면 좋습니다.

バナナ ください。　바나나 주세요.
바 나 나 쿠 다 사 이

「ひとつ ください」(하나 주세요), 「ふたつ ください」(두 개 주세요) 등으로 응용해서 쓸 수 있습니다.

ぜん ぶ　　さん ぜん えん
全部で 三千円です。　전부 해서 3,000엔입니다.
젬 부 데 산 젱 엔 데 스

ぜん ぶ
全部で いくらですか。　전부 해서 얼마입니까?
젬 부 데 이 꾸 라 데 스 까
ぜん ぶ　　ひゃくえん
全部で 百円です。　전부 해서 100엔입니다.
젬 부 데 햐꾸 엔 데 스

05 | 문장 연습

1 메뉴를 보고 〈예〉와 같이 문장을 완성해 보세요.

초밥 400엔 | 우동 800엔 | 돈까스 1200엔 | 라멘 600엔 | 생선회 5000엔

우유 200엔 | 커피 400엔 | 콜라 300엔 | 오렌지 주스 350엔 | 맥주 500엔

예 A: すしは　いくらですか。　　B: すしは ＿＿＿ よんひゃくえん 四百円 ＿＿＿ です。

❶ A: うどんは　いくらですか。　B: うどんは ＿＿＿＿＿ です。

❷ A: とんかつは　いくらですか。　B: とんかつは ＿＿＿＿＿ です。

❸ A: ラーメンは　いくらですか。　B: ラーメンは ＿＿＿＿＿ です。

❹ A: さしみは　いくらですか。　B: さしみは ＿＿＿＿＿ です。

❺ A: ミルクは　いくらですか。　B: ミルクは ＿＿＿＿＿ です。

❻ A: コーヒーは　いくらですか。　B: コーヒーは ＿＿＿＿＿ です。

❼ A: コーラは　いくらですか。　B: コーラは ＿＿＿＿＿ です。

❽ A: ジュースは　いくらですか。　B: ジュースは ＿＿＿＿＿ です。

❾ A: ビールは　いくらですか。　B: ビールは ＿＿＿＿＿ です。

점원 　いらっしゃいませ。

이민호 　あの、 すみません。 この すいか いくらですか。

점원 　二_に千_{せん}円_{えん}です。

이민호 　ちょっと 高_{たか}いですね。 バナナは いくらですか。

점원 　バナナは 一本_{いっぽん} 八十円_{はちじゅうえん}です。

이민호 　りんごは いくらですか。

점원 　りんごは 一_{ひと}つ 百円_{ひゃくえん}です。

이민호 　バナナと りんごは 高_{たか}く ありませんね。 安_{やす}いですね。
　　　じゃ、 バナナ 二本_{にほん}と りんご 三_{みっ}つ ください。
　　　全部_{ぜんぶ}で いくらですか。

점원 　えっと、 四百六十円_{よんひゃくろくじゅうえん}です。

점원 　어서 오세요.

이민호 　저기, 실례합니다. 이 수박 얼마입니까?

점원 　2,000엔입니다.

이민호 　조금 비싸군요. 바나나는 얼마입니까?

점원 　바나나는 1개 80엔입니다.

이민호 　사과는 얼마입니까?

점원 　사과는 1개 100엔입니다.

이민호 　바나나와 사과는 비싸지 않군요. 싸네요.
　　　그럼 바나나 2개와 사과 3개 주세요.
　　　전부 해서 얼마입니까?

점원 　음, 460엔입니다.

점원　いらっしゃいませ。
　　　이 랏 샤 이마세

いらっしゃいませ 어서 오세요(인사말)

이민호　あの、すみません。
　　　아노　스미마 셍

あの 저기 この 이 すいか 수박 いくら 얼마

この　すいか　いくらですか。
코노 스이 까 이꾸라데스 까

점원　にせんえんです。
　　　니 셍 엔 데스

이민호　ちょっと　たかいですね。
　　　춋 또 타 까이데스네

い형용사 정중체의 긍정·부정이 나와요. 자세한 것은 문법 파트에서 설명드릴게요.
「~です」(입니다), 「~く ありません」(~지 않습니다)

バナナは　いくらですか。
바 나 나 와 이꾸라데스 까

ちょっと 조금 高(たか)い 비싸다, 높다
〜ね 〜군요(확인, 동의)

점원　バナナは　いっぽん　はちじゅうえんです。
　　　바나나와 입 뽕 하찌 쥬 - 엔 데스

연필 1자루, 바나나 1개 등 길고 가느다란 것을 세는 단위는 「本(ほん)」입니다. 1개, 2개, 3개 「一本(いっぽん)」, 「二本(にほん)」, 「三本(さんぼん)」 정도만 외워주세요.

이민호　りんごは　いくらですか。
　　　링 고 와 이꾸라데스 까

りんご 사과

점원　りんごは　ひとつ　ひゃくえんです。
　　　링 고 와 히또쯔 햐 꾸 엔 데스

이민호　バナナと　りんごは　たかく　ありませんね。
　　　바 나 나 또 링 고 와 타 까꾸 아 리 마 센 네

安(やす)い (가격이)싸다 じゃ 그럼 〜と 〜와
全部(ぜんぶ) 전부 全部で 전부 해서

やすいですね。
야 스 이 데 스 네

じゃ、バナナ　にほんと　りんご　みっつ　ください。
쟈 바나나 니 혼 또 링 고 밋 쯔 쿠 다 사 이

ぜんぶで　いくらですか。
젬 부 데 이꾸라데스 까

점원　えっと、よんひゃくろくじゅうえんです。
　　　엣 또 용 햐 꾸 로 꾸 쥬 - 엔 데스

[하꾸] 발음이 좀 어렵죠. 600엔, 800엔이 특히 어렵습니다. 「ろっぴゃく」는 [롭빠꾸], 「はっぴゃく」는 [합빠꾸]라고 발음해요. 간혹 [록빠꾸], [핫빠꾸]로 발음하기 쉬운데 '빠'입니다. 입을 옆으로 찢으면서 '빠'라고 발음하시면 훨씬 쉬울 거예요.

えっと 음, 그러니깐(잠시 생각할 때 하는 말)

い형용사의 정중체 긍정·부정

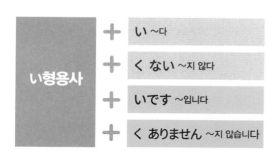

い형용사	+	い ~다
	+	く ない ~지 않다
	+	いです ~입니다
	+	く ありません ~지 않습니다

おいしいです。　　맛있습니다.
오 이 시 - 데 스

おいしく　ありません。　　맛있지 않습니다.
오 이 시 꾸　아 리 마 셍

「~く ありません」「~く ないです」두 개 모두 일본인이 많이 쓰고 있어서 어느 것을 써도 상관없습니다.
단, 「~く ないです」가 좀 더 회화체 느낌이 강합니다.

A: おいしいですか。
　 오 이 시 - 데 스 까

B: はい、おいしいです。
　 하 이　오 이 시 - 데 스

いいえ、おいしく　ありません。　まずいです。
이 - 에　오 이 시 꾸　아 리 마 셍　마 즈 이 데 스

아래 단어를 활용해서 대화를 연습해보세요.

たかい	비싸다	↔ やすい	싸다		たかい	높다	↔ ひくい	낮다
おおい	(양이)많다	↔ すくない	적다		おおきい	(크기가)크다	↔ ちいさい	작다
あたらしい	새롭다	↔ ふるい	오래되다		ながい	길다	↔ みじかい	짧다
ひろい	넓다	↔ せまい	좁다		おもしろい	재미있다	↔ つまらない	재미없다
いい	좋다	↔ わるい	나쁘다					

잠깐
맛있다 おいしい vs うまい
「おいしい」는 여성, 남성 구분 없이 많이 사용해요.
「うまい」는 주로 남성이 사용하고 막역한 느낌이 들어요.

문법 연습

1 아래 예와 같은 형태로 바꾸세요.

| い형용사 | + いです ~입니다 |
| | + く ありません ~지 않습니다 |

예 安^{やす}いですか。

はい、＿＿＿安^{やす}いです＿＿＿。

いいえ、＿＿＿安^{やす}く ありません＿＿＿。 ＿＿＿高^{たか}いです＿＿＿。

❶ 大^{おお}きいですか。

はい、＿＿＿＿＿＿＿。

いいえ、＿＿＿＿＿＿＿。 ＿＿＿＿＿＿＿。

❷ 新^{あたら}しいですか。

はい、＿＿＿＿＿＿＿。

いいえ、＿＿＿＿＿＿＿。 ＿＿＿＿＿＿＿。

❸ 長^{なが}いですか。

はい、＿＿＿＿＿＿＿。

いいえ、＿＿＿＿＿＿＿。 ＿＿＿＿＿＿＿。

❹ 広^{ひろ}いですか。

はい、＿＿＿＿＿＿＿。

いいえ、＿＿＿＿＿＿＿。 ＿＿＿＿＿＿＿。

❺ おもしろいですか。

はい、＿＿＿＿＿＿＿。

いいえ、＿＿＿＿＿＿＿。 ＿＿＿＿＿＿＿。

❻ いいですか。

はい、＿＿＿＿＿＿＿。

いいえ、＿＿＿＿＿＿＿。 ＿＿＿＿＿＿＿。

잠깐 '좋지 않습니다'는 예외이니 암기해주세요!
よく ありません (O) いく ありません (X)

1 다음 단어를 3번씩 발음해보세요. ○ □ □

300엔 三百円 (さんびゃくえん)　　600엔 六百円 (ろっぴゃくえん)

800엔 八百円 (はっぴゃくえん)　　3,000엔 三千円 (さんぜんえん)

6,000엔 六千円 (ろくせんえん)　　8,000엔 八千円 (はっせんえん)

만 엔 一万円 (いちまんえん)　　5엔 五円 (ごえん)

2 다음 패턴으로 말해보세요.

A: 赤(あか)いですか。

B: はい、赤(あか)いです。

いいえ、赤(あか)く ありません。

❶ 黄色(きいろ)い 노랗다

❷ 青(あお)い 파랗다

❸ 白(しろ)い 하얗다

❹ 黒(くろ)い 검다

3 다음 패턴으로 말해보세요.

りんご 一(ひと)つと みかん 二(ふた)つ ください。

❶ 3개 / 4개

❷ 1개 / 3개

❸ 5개 / 6개

❹ 7개 / 8개

듣기

1 잘 듣고 빈칸에 알맞은 히라가나를 써넣으세요.

❶ ひ ☐ つ

❷ よ ☐ つ

❸ い ☐ つ

❹ ☐ っつ

2 잘 듣고 알맞은 것을 보기에서 골라 써넣으세요.

> 보기   3000えん   800えん   400えん   900えん

❶ すしは いくらですか。 ☐ です。

❷ うどんは いくらですか。 ☐ です。

❸ とんかつは いくらですか。 ☐ です。

❹ コーヒーは いくらですか。 ☐ です。

3 다음 문장을 잘 듣고, 틀린 글자를 동그라미 하고 바르게 고치세요.

예 ラーメンは　高いです**が**。　　　　　　　　(　か　)

❶ いいえ、低い ありません。　　　　　　　　(　　)

❷ はい、おいしくです。　　　　　　　　　　(　　)

❸ 全部に 十円です。　　　　　　　　　　　(　　)

❹ 安いですよ。　　　　　　　　　　　　　　(　　)

すいかは 二千円、

수박은 2,000엔,

すいかは 高いです。

수박은 비쌉니다.

バナナは 一本 八十円、りんごは 一つ 百円、

바나나는 1개 80엔, 사과는 1개 100엔,

バナナと りんごは 高く ありません。 安いです。

바나나와 사과는 비싸지 않습니다. 쌉니다.

バナナ 二本と りんご 三つ、全部で 四百六十円です。

바나나 2개와 사과 3개, 전부 해서 460엔입니다.

1 다음 문장을 따라 써보세요.

TIP
한자가 어려우신 분은 히라가나로만 쓰셔도 됩니다.

すいかは 二千円、
<small>に せんえん</small>

✎ ....

すいかは 高いです。
<small>たか</small>

✎ ....

バナナは 一本 八十円、りんごは 一つ 百円、
<small>いっぽん</small> <small>はちじゅうえん</small> <small>ひと</small> <small>ひゃくえん</small>

✎ ....

バナナと りんごは 高く ありません。安いです。
<small>たか</small> <small>やす</small>

✎ ....

バナナ 二 本と りんご 三つ、全部で 四百六十円です。
<small>に ほん</small> <small>みっ</small> <small>ぜん ぶ</small> <small>よんひゃくろくじゅうえん</small>

✎ ....

2 다음 문장을 일본어로 써보세요.

어서 오세요.

✎ ....

초밥은 얼마입니까?

✎ ....

맛있습니까?

✎ ....

맛있지 않습니다.

✎ ....

문화

일본인이 한국에 오면 꼭 사는 기념품!

お土産 베스트 10
みやげ
오 미야게

선물 베스트 10

1위	허니버터 아몬드	ハニーバターアーモンド 하니−바따− 아−몬도
2위	'코코호도'의 호두과자	「ココホド」のくるみ饅頭 코꼬호도노 쿠루미만쥬−
3위	요구르트 젤리	ヨーグルトグミ 요−구루또 구미
4위	'백미당'의 병우유	「百味堂」の瓶牛乳 햐꾸미도−노 빙규−뉴−
5위	'빙그레'의 바나나맛 우유	「ピングレ」のバナナ味牛乳 핑구레노 바나나아지 규−뉴−
6위	'스타벅스'의 한국 한정 상품	「スターバックス」の韓国制限商品 스따−박꾸스노 캉꼬꾸 세−겐 쇼−힝
7위	한국 김	韓国のり 캉꼬꾸노리
8위	고추장	コチュジャン 코쮸장
9위	허니머스타드 소스	ハニーマスタード 하니−마스따−도
10위	마스크 팩	シートマスク 시−또마스꾸

일본인이 한국에 오면 꼭 사는 기념품 1위는 '허니버터 아몬드'였어요. 고추장, 김치일 거라 생각했는데 놀랍지요?
2위는 '코코호도'의 호두과자. 우리는 호두과자인데 일본어로는 '호두 만쥬'라고 합니다.
인상 깊은 것은 6위 '스타벅스'의 한국 한정 상품인데요. 스타벅스의 MD 말고도 병에 든 과일, 채소 음료나 요구르트는 한국 한정 상품이라 일본에서 인기가 있다고 합니다. 그리고 7위인 한국 김! 일본 조미 김은 간장과 설탕이 베이스인데, 우리는 맛소금 베이스잖아요. 처음 맛본 한국 김은 일본인에게 쇼킹 그 자체라고 합니다. 8위는 고추장입니다. 냄비 요리에 한국의 맛을 느끼고 싶을 때 넣는다고 합니다.

자료출처 : https://4travel.jp/magazine/shopping/00077

おいしい / まずい
오 이 시 - 마 즈 이

맛있다 / 맛없다

(Feat. '맛없다'고 잘 말하지 않는 일본인)

일본어에 '맛있다'라는 뜻을 지닌 단어는 「おいしい」와 「うまい」, 두 개가 있어요.

「おいしい」는 남녀 모두 사용하는 일상적인 단어입니다. 반면 「うまい」는 남성이 주로 사용하며 막역하게 느껴져서 격식 있는 곳에서는 권하지 않는 표현이에요.

맛있을 때 "오이시–"라며 과장된 리액션으로 말하는 일본인을 많이 보았을 겁니다. 그러나 실생활에

서 "마즈이"라며 맛없다고 호들갑떠는 일본인은 잘 보지 못했을 거예요. 물론 애니메이션이나 예능 프로그램에서 "마즈이"라고 말하는 경우를 볼 수 있지만, 방송의 재미를 위해 그런 것이고 실제로는 그렇게까지 하지 않습니다.

실생활에서는 「まずい」(맛없다) 대신에 "맛있는데 저한테는 단 것 같아요.", "전 비린 것은 못 먹어서요.", "제대로 익었으면 훨씬 맛있겠어요.", "전 짜게 먹는 편이라서요.", "따뜻하면 맛있을 것 같아요.", "죄송해요, 제 취향이 아니에요." 등으로 말해요.

"이거 별로예요.", "맛없어요."라고 말하는 한국인은 비교적 종종 볼 수 있잖아요. 그래서 "왜 일본인은 맛없는 것을 맛없다고 말하지 않나요?"라고 일본인에게 질문을 한 적이 있어요. 그때마다 "음식을 만든 사람에 대한 예의가 아니에요.", "맛없다고 하면 상대방의 마음이 상할 것이고 그건 폐를 끼치는 행위예요.", "저의 입맛에 맞지 않을 뿐이지, 다른 사람은 맛있을 수도 있고 저는 확실히 뭐라 말해야 할지…." 등의 답변이 돌아왔습니다.

지금까지 맛없어도 '맛있다'고 말하며 먹는 일본인도 많이 보았어요. 정말 일본인은 속을 알 수 없다는 생각이 들면서도, 상대방을 배려하는 마음이 느껴지기도 하네요.

7

그림을 잘 그리네요.

絵が 上手ですね。

な형용사 정중체 긍정·부정

な형용사	+	です	な형용사 입니다
	+	じゃ ありません	な형용사 지 않습니다

 토닥토닥 응원 메시지

여러분, 이번 과부터는 한글로 히라가나 읽는 법을 표기하지 않았어요.

언제까지 한글에 의존할 수는 없잖아요.

지금까지 히라가나에는 익숙해졌을 테니 이제 한글 발음에서 독립하여 일본어 공부를 할 때입니다.

물론 처음엔 힘들 수 있어요. 하지만 단언컨대 이번 과만 잘 넘기면 잘하실 수 있습니다.

용기내세요! 진심으로 여러분의 일본어 공부를 응원합니다^_^

지난 과 복습

1 빈칸에 알맞은 말을 써넣으세요.

개수 세기

1개	2개	3개	4개	5개	6개	7개	8개	9개	10개
			よっつ	いつつ	むっつ		やっつ	ここのつ	

～円 ～엔

1 いち	2 に	3 さん	4 よん	5 ご	6 ろく	7 なな	8 はち	9 きゅう
10 じゅう	20 にじゅう	30	40	50 ごじゅう	60 ろくじゅう	70 ななじゅう	80 はちじゅう	90 きゅうじゅう
100 ひゃく	200	300	400 よんひゃく	500 ごひゃく	600	700 ななひゃく	800 はっぴゃく	900 きゅうひゃく
1,000 せん	2,000 にせん	3,000 さんぜん	4,000	5,000 ごせん	6,000 ろくせん	7,000 ななせん	8,000	9,000 きゅうせん
10,000	20,000 にまん	30,000 さんまん	40,000	50,000 ごまん	60,000	70,000 ななまん	80,000	90,000 きゅうまん
10만 じゅうまん	100만 ひゃくまん	1,000만 いっせんまん	1억 いちおく	0 ゼロ				

2 다음 문장을 일본어로 완성하세요.

❶ 어서 오세요.　　　　＿＿＿＿＿＿＿＿＿＿＿＿。

❷ 사과는 얼마입니까?　　りんごは　＿＿＿＿＿＿＿＿＿。

❸ 사과는 1개 100엔입니다.　りんごは　ひとつ　＿＿＿＿＿＿＿＿です。

❹ 조금 비싸군요.　　ちょっと　＿＿＿＿＿＿＿＿ですね。

❺ 비싸지 않습니다.　　高_{たか}く　＿＿＿＿＿＿＿＿。

월/일

1~12월

いちがつ 一月	にがつ 二月	さんがつ 三月	しがつ 四月	ごがつ 五月	ろくがつ 六月
しちがつ 七月	はちがつ 八月	くがつ 九月	じゅうがつ 十月	じゅういちがつ 十一月	じゅうにがつ 十二月

1~31일

ついたち 一日	ふつか 二日	みっか 三日	よっか 四日	いつか 五日	むいか 六日	なのか 七日
ようか 八日	ここのか 九日	とおか 十日	じゅういちにち 十一日	じゅうににち 十二日	じゅうさんにち 十三日	じゅうよっか 十四日
じゅうごにち 十五日	じゅうろくにち 十六日	じゅうしちにち 十七日	じゅうはちにち 十八日	じゅうくにち 十九日	はつか 二十日	にじゅういちにち 二十一日
にじゅうににち 二十二日	にじゅうさんにち 二十三日	にじゅうよっか 二十四日	にじゅうごにち 二十五日	にじゅうろくにち 二十六日	にじゅうしちにち 二十七日	にじゅうはちにち 二十八日
にじゅうくにち 二十九日	さんじゅうにち 三十日	さんじゅういちにち 三十一日				

시제/요일

어제	きのう 昨日	오늘	きょう 今日	내일	あした 明日
지난주	せんしゅう 先週	이번주	こんしゅう 今週	다음주	らいしゅう 来週
지난달	せんげつ 先月	이번달	こんげつ 今月	다음달	らいげつ 来月
지난해	きょねん 去年	올해	ことし 今年	내년	らいねん 来年

시제 관련 단어를 정리해 보았습니다. 어렵지요?
너무 어렵고 힘드시면 어제, 오늘, 내일만 외워보세요^^ 나머지는 천천히 외우기로 해요~

げつ 月ようび 월요일	か 火ようび 화요일	すい 水ようび 수요일	もく 木ようび 목요일	きん 金ようび 금요일	ど 土ようび 토요일	にち 日ようび 일요일

ようび도 나중에 한자로 외워두면 좋지만, 지금은 월화수목금토일만 외워도 대성공입니다.

1 1일부터 12일까지 차례대로 연결하세요. 어떤 그림이 완성될까요?

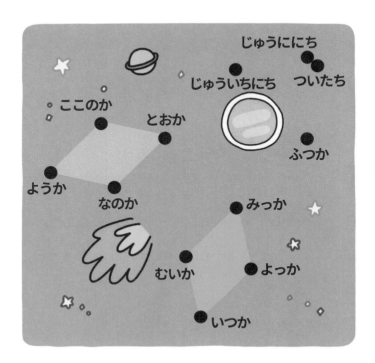

2 다음을 읽고 몇 월 며칠인지 써보세요.

예	いちがつ ついたち	(1월 1일)
❶	じゅうがつ よっか	( )
❷	さんがつ さんじゅうにち	( )
❸	しがつ ここのか	( )
❹	ごがつ にじゅういちにち	( )
❺	ろくがつ ふつか	( )

今日_{きょう}は 何月_{なんがつ} 何日_{なんにち}ですか。　오늘은 몇 월 며칠입니까?

明日_{あした}は 何月_{なんがつ} 何日_{なんにち}ですか。　내일은 몇 월 며칠입니까?

昨日_{きのう}は 何月_{なんがつ} 何日_{なんにち}でしたか。　어제는 몇 월 며칠이었습니까?

~ですか 오늘은 며칠입니까? 내일은 며칠입니까? 일본어는 미래 시제 단어가 따로 있지 않아서 현재형이 미래형을 대신해요. 그래서 明日_{あした}(내일) 같은 단어로 미래를 말하고 있다는 걸 알 수 있어요.

~でしたか 눈치 채신 분도 계시겠지만 「です」를 「でした」로 바꾸면 과거형이 됩니다. 과거형은 9과에서 자세히 배울 거예요.

A: 今_{いま} ほしい プレゼントが ありますか。

それは 何_{なん}ですか。

지금 원하는 선물이 있습니까?

그것은 무엇입니까?

B: 新_{あたら}しい さいふが ほしいです。　새로운 지갑을 원합니다.

'원하다'라는 뜻의 い형용사 ほしい는 「〜が ほしい」의 형태로 조사 が와 함께 옵니다.
「〜が ほしい」(〜을 원하다)로 외워두세요.

恋人_{こいびと}に どんな プレゼントを あげたいですか。

애인에게 어떤 선물을 주고 싶습니까?

「あげる」(주다) → 「あげたい」(주고 싶다) → 「あげたいですか」(주고 싶습니까?)의 형태로 변형되었어요.
조사 には 「대상(사람)+に」로 쓰고, '〜에게'라는 뜻입니다.

05 문장 연습

1 달력을 참고하여 답변을 완성하세요.

❶ ^{きのう}昨日は 何月 何日 何ようびでしたか。
어제는 몇 월 며칠 무슨 요일이었습니까?

_____ でした。

❷ ^{きょう}今日は 何月 何日 何ようびですか。
오늘은 몇 월 며칠 무슨 요일입니까?

_____ です。

❸ ^{あした}明日は 何月 何日 何ようびですか。
내일은 몇 월 며칠 무슨 요일입니까?

_____ です。

❹ おたんじょうびは 何月 何日ですか。
생일은 몇 월 며칠입니까?

_____ です。

잠깐 상대방에게 생일을 물어볼 때는 「たんじょうび」 (생일)에 お를 붙여서 정중하게 표현합니다.

2 다음 예와 같이 문장을 완성하세요.

예 ^{こいびと}恋人に ケーキを あげたいです。　애인에게 케이크를 주고 싶습니다.

❶ ^{ともだち}友達 친구　^{ほん}本 책

_____ 。

❷ ^{かれ し}彼氏 남자친구　ベルト 벨트

_____ 。

❸ ^{かのじょ}彼女 여자친구　ブランド品 명품

_____ 。

다나카 イさん、 今日は 何月何日 何ようびですか。

이민호 今日は 八月 十日 金ようびです。

다나카 昨日は？

이민호 八月 九日 木ようびでした。

다나카 あ、 そうだ。 昨日は イさんの たんじょうびでしたね。
おめでとうございます。

이민호 あ、 ありがとうございます。
それで 彼女に プレゼントを もらいました。

다나카 どんな プレゼントですか。

이민호 彼女が かいた 絵です。

다나카 彼女は 絵が 上手ですか。

이민호 いいえ、 上手じゃ ありません。

다나카 이 씨 오늘은 몇 월 며칠 무슨 요일입니까?

이민호 오늘은 8월 10일 금요일입니다.

다나카 어제는?

이민호 8월 9일 목요일이었습니다.

다나카 아, 맞다! 어제는 이 씨의 생일이었군요.
축하합니다.

이민호 아, 감사합니다.
그래서 여자친구에게 선물을 받았습니다.

다나카 어떤 선물입니까?

이민호 여자친구가 그린 그림입니다.

다나카 여자친구는 그림을 잘 그립니까?

이민호 아니요, 잘 그리지 못합니다.

다나카 イさん、きょうは なんがつ なんにち
なんようび ですか。

이민호 きょうは はちがつ とおか きんようびです。

다나카 きのうは？

이민호 はちがつ ここのか もくようびでした。

〜です 입니다 〜でした 〜였습니다(과거형)

다나카 あ、そうだ。
きのうは イさんの たんじょうびでしたね。
おめでとうございます。

あ、そうだ 아, 맞다! 〜ね 확인, 동의를 나타내는 종조
사 おめでとう 축하해 おめでとうございます 축하합
니다

이민호 あ、ありがとうございます。
それで かのじょに プレゼントを
もらいました。

「もらう」(받다) → 「もらいます」(받습니다) → 「もらいま
した」(받았습니다)의 활용 형태를 참고해주세요. 이제 곧
동사 활용을 배우게 될 거예요.

それで 그래서 彼女(かのじょ) 그녀, 여자친구 プレゼ
ント 선물 〜を 〜을/를

다나카 どんな プレゼントですか。

どんな 어떤

이민호 かのじょが かいた えです。

描(か)く 그리다 - かいた 그렸다 - かいた+명사 그린
絵(え) 그림

다나카 かのじょは えが じょうず ですか。

な형용사의 정중체 긍정·부정은 문법 파트에서 배울 거
예요.

〜が 上手(じょうず)だ 〜을 잘하다, 능숙하다

이민호 いいえ、じょうず じゃ ありません。

그/그녀	남자친구/여자친구	연인, 애인
彼(かれ) 그	彼(かれ) 남자친구의 뜻으로도 사용 = 彼氏(かれし)	恋人(こいびと)
彼女(かのじょ)그녀	彼女(かのじょ) 여자친구의 뜻으로도 사용	

문법

な형용사의 정중체 긍정·부정

好^すきです 좋아합니다 げんきです 건강합니다
好^すきじゃ ありません 좋아하지 않습니다 げんきじゃ ありません 건강하지 않습니다

「～では ありません」/「～じゃ ありません」/「～じゃ ないです」
어느 것을 써도 상관없지만, 오른쪽으로 갈수록 회화체 느낌이 강합니다.

● 〈3과〉에서 배웠던 な형용사 기억나시죠?

簡単^{かんたん}だ 간단하다 有名^{ゆうめい}だ 유명하다 ハンサムだ 잘생기다 便利^{べんり}だ 편리하다
不便^{ふべん}だ 불편하다 幸^{しあわ}せだ 행복하다 無理^{むり}だ 무리다 元気^{げんき}だ 건강하다
上手^{じょうず}だ 잘하다 下手^{へた}だ 못하다

예외 조사 が의 예외 4총사

～が 好^すきだ ～을 좋아하다 ～が 上手^{じょうず}だ ～을 잘하다
～が きらいだ ～을 싫어하다 ～が 下手^{へた}だ ～을 못하다

3과에서 다룬 적 있지요? 위 4개의 な형용사는 を와 함께 쓰면 틀려요!

일본어를 잘합니다.
日本語^{にほんご}が 上手^{じょうず}です。 (○) 日本語^{にほんご}を 上手^{じょうず}です。 (×)

1 다음 단어를 사용하여 문장을 만드세요.

な형용사 + です 입니다
+ じゃ ありません ~지 않습니다

歌手 _{かしゅ} 가수	問題 _{もんだい} 문제
一日 _{いちにち} 하루	交通 _{こうつう} 교통
医者 _{いしゃ} 의사	学生 _{がくせい} 학생

簡単だ _{かんたん}	有名だ _{ゆうめい}
幸せだ _{しあわ}	便利だ _{べんり}
ハンサムだ	元気だ _{げんき}

❶ 문제가 간단합니다. _____。

　문제가 간단하지 않습니다. _____。

❷ 의사가 유명합니다. _____。

　의사가 유명하지 않습니다. _____。

❸ 가수가 잘생겼습니다. _____。

　가수가 잘생기지 않습니다. _____。

❹ 교통이 편리합니다. _____。

　교통이 편리하지 않습니다. _____。

❺ 학생이 건강합니다. _____。

　학생이 건강하지 않습니다. _____。

❻ 하루가 행복합니다. _____。

　하루가 행복하지 않습니다. _____。

2 다음 단어를 사용하여 문장을 만드세요.

りんご 사과	にんじん 당근
運転 _{うんてん} 운전	中国語 _{ちゅうごくご} 중국어

好きだ _す	きらいだ
上手だ _{じょうず}	下手だ _{へた}

❶ 사과를 좋아합니다. _____。

❷ 당근을 싫어합니다. _____。

❸ 운전을 잘합니다. _____。

❹ 중국어를 못합니다. _____。

말하기

1 다음 단어를 3번씩 발음해보세요.   ○ ☐ ☐

> みっか
>
> ついたち
>
> じゅういちにち
>
> さんじゅうにち

2 다음 패턴으로 말해보세요.

> A: 簡単ですか。
>
> B: はい、簡単です。
>
> いいえ、簡単じゃ ありません。

❶ 上手だ
❷ 有名だ
❸ 無理だ
❹ 幸せだ

3 다음 패턴으로 말해보세요.

> 1월 1일 월요일   →   いちがつ ついたち げつようび

❶ 2월 3일 화요일

❷ 3월 4일 목요일

❸ 5월 5일 금요일

❹ 8월 8일 토요일

1 잘 듣고 알맞은 히라가나를 써넣으세요.

❶ ☐ ようび　　❷ ☐ ようび

❸ ☐ ようび　　❹ ☐ ようび

2 잘 듣고 알맞은 것을 보기에서 골라 써넣으세요.

보기　　3月 4日　　6月 10日　　7月 30日　　12月 12日

❶ 今日は 何月 何日ですか。　　❷ 今日は 何月 何日ですか。

今日は ☐ です。　　今日は ☐ です。

❸ 今日は 何月 何日ですか。　　❹ 今日は 何月 何日ですか。

今日は ☐ です。　　今日は ☐ です。

3 다음 문장을 잘 듣고, 틀린 글자를 동그라미 하고 바르게 고치세요.

예 元気です。　　(で)

❶ 日本語を 上手です。　　(　)

❷ いええ、 便利じゃ ありません。　　(　)

❸ 四月 八日ですた。　　(　)

❹ どんな フレゼントですか。　　(　)

私の たんじょうびは 八月 九日です。
나의 생일은 8월 9일입니다.

昨日は 私の たんじょうびでした。
어제는 나의 생일이었습니다.

彼女に プレゼントを もらいました。
여자친구에게 선물을 받았습니다.

毎年 彼女の プレゼントは 自分で かいた 絵です。
매년 여자친구의 선물은 직접 그린 그림입니다.

彼女は 絵が 上手じゃ ありません。
여자친구는 그림을 잘 그리지 못합니다.

でも だんだん 上手に なって います。
하지만 점점 능숙해지고 있습니다.

絵も いいけど、私も 一度ぐらいは
かばんとか 時計とかの ブランド品が ほしいです。
그림도 좋지만 나도 한 번 정도는 가방이라든지 시계라든지의 명품을 원합니다.

단어

誕生日(たんじょうび) 생일　もらう 받다 ―もらいました 받았습니다　毎年(まいとし) 매년　自分(じぶん)で 스스로, 직접　描(か)く
그리다 ― かいた 그렸다, 그린　でも 하지만　だんだん 점점　上手(じょうず)に なる 능숙해지다 ― 上手(じょうず)に なって います
능숙해지고 있습니다　～も ～도　いい 좋다　～けど ～이지만　一度(いちど) 한 번　ぐらい 정도　かばん 가방　～とか ～とか
～라든지 ～라든지　時計(とけい) 시계　ブランド品(ひん) 브랜드 제품, 명품　～が ほしい ～을 원하다

한자가 어려우신 분은 히라가나로만 쓰셔도 됩니다.

1 **다음 문장을 따라 써보세요.**

私の たんじょうびは 八月 九日です。昨日は 私の たんじょうびでした。

✎ ....

彼女に プレゼントを もらいました。

✎ ....

毎年 彼女の プレゼントは 自分で かいた 絵です。

✎ ....

彼女は 絵が 上手じゃ ありません。

✎ ....

でも だんだん 上手に なって います。

✎ ....

私も 一度ぐらいは かばんとか 時計とかの ブランド品が ほしいです。

✎ ....

2 **다음 문장을 일본어로 써보세요.**

오늘은 9월 9일입니다.

✎ ....

내일은 수요일입니다.

✎ ....

문제는 간단합니다.

✎ ....

문제는 간단하지 않습니다.

✎ ....

OX로 알아보는 일본인의 생일 문화

おたんじょうび、おめでとう

생일 축하해

한국에는 생일에 미역국을 먹는다든지 친구에게 생일 선물을 받는다든지 등의 문화가 있습니다. 일본에도 생일에 먹는 특별한 음식이나 특별한 문화가 있을까요? 지금부터 OX로 맞혀보세요.

일본에서도 생일에 미역국을 먹는다?! ◎ ✖

한국에서는 생일에 미역국을 먹는 문화가 있잖아요. 일본에는 생일이라고 특별히 챙겨 먹는 음식은 없습니다. 피자, 가라아게(닭튀김), 돈가스 등 자신이 좋아하는 음식을 먹는 것이 일반적입니다. 일본에서도 생일 케이크는 먹습니다.

생일 주인공이 밥을 산다?! ◎ ✖

한국에서는 친구들이 선물을 준비하면 생일 주인공이 밥을 사거나, 친구들이 밥을 사주는 등 그 모임이나 친구들의 성향에 따라 다릅니다. 하지만 일본에서는 생일 당사자는 밥을 얻어먹거나 선물을 받거나 하며 그날은 지갑을 열지 않습니다.

12시 땡 하면 '생일 축하해' 메시지를 보낸다?! ◎ ✖

일본도 생일이 되는 날을 기다렸다가 자정에 '생일 축하해', '멋진 한 해가 되길' 등으로 라인 메시지(대표 SNS 메신저)를 보내기도 합니다. 우리나라에서도 그렇게 하는 사람들이 많지요.

생일 당사자 얼굴에 생크림을 던진다?! ◎ ✖

생일 당사자에게 생크림을 던지는 놀이도 일본에서 합니다. 「パイ投げ」(파이나게: 파이 던지기)라는 말이 실제로 존재해요. 우리나라에서도 친구들이 케이크를 얼굴에 던지거나 생일인 친구 얼굴을 일부러 케이크에 파묻는 등 짓궂은 일이 종종 있지요.

생일 축하 선물로 모바일 쿠폰을 보낸다?! ◎ ✖

요즘 SNS시대에 모바일 쿠폰으로 소소하게 마음을 표현하는 것은 한국이나 일본이나 비슷한 것 같습니다. 일본에서 인기 있는 생일 선물로는 커플 손목시계, 지갑, 이름이 새겨진 립스틱, 보디케어 제품 등이 있다고 합니다.

생일로 알아본 한국과 일본 문화! 비슷한 것도 있고 다른 것도 있네요. 점점 알아갈수록 재미있는 일본입니다.
앞으로 만날지도 모를 일본인들을 위해 생일 문화를 알아두세요.

정답은 ✖✖○○○

생일에 누가 밥을 사야 잘 샀다고 할까요?
이번 만능 일본어는 '내가 밥 살게, 한턱낼게'입니다.

わたしが おごる。

내가 밥 살게.
내가 한턱낼게.
내가 쏠게.

동사 「おごる」는 '한턱내다'라는 뜻이에요. 좀 더 강조하는 느낌으로 회화에서는 よ를 문장 끝에 붙여서 「おごるよ」라고도 합니다. 물론 わたし 대신에 ぼく를 써서 「ぼくが おごるよ」라고도 할 수 있어요.

그럼 더치페이 하자는 말은 어떻게 표현할까요?

わりかんに しよう。

더치페이로 하자.

생일에 선물을 받는 것도 의미 있는 일이지만 좋아하는 사람, 소중한 사람들과 밥을 먹으며 서로 따뜻한 이야기를 주고받고 위로받는 소소한 행복도 그 어떤 선물보다 값지다고 생각합니다.
점점 1인 가구가 많아지고 있는 시대에 생일 때만큼은 소중한 사람들과 따뜻하게 보냈으면 좋겠습니다^^

8

재택근무, 집에서 일합니다.

テレワーク、家_{いえ}で 仕事_{しごと}します。

동사 정중체(ます형) 긍정·부정

| 동사 | + | ます | 동사 합니다 |
| | + | ません | 동사 하지 않습니다 |

토닥토닥 응원 메시지

여러분 정말 기특합니다! 이렇게 절반을 넘어 8과까지 묵묵히 오는 것은 아무나 할 수 있는 일이 아닙니다.

지금까지 뭘 배웠는지 머릿속에는 아무 기억도 나지 않는다고 말하고 싶나요? 하지만 걱정 마세요.

지금 당장 기억이 안 난다고 해서 헛된 공부를 한 것이 아닙니다. 한 번 본 것과 안 본 것은 엄청난 차이가 있으니까요. 누구나 첫 시작은 미약하고 아무것도 아니었어요. 이런 미약함이 쌓여서 실력이 되고 세상을 놀라게 하는 겁니다.

여러분의 이 미약함을 진심으로 사랑합니다. 그리고 칭찬합니다. 아주 잘하고 있어요. 토닥토닥^^

1 빈칸에 알맞은 말을 써넣으세요.

월

いちがつ 一月	に がつ 二月			ご がつ 五月	ろくがつ 六月
しちがつ 七月	はちがつ 八月		じゅうがつ 十月		じゅうにがつ 十二月

일

ついたち 一日		みっ か 三日	よっ か 四日	
	なのか 七日	ようか 八日	ここのか 九日	
じゅういちにち 十一日	じゅうににち 十二日	じゅうさんにち 十三日	じゅうよっか 十四日	じゅうごにち 十五日
	じゅうしちにち 十七日	じゅうはちにち 十八日	じゅうくにち 十九日	
にじゅういちにち 二十一日	にじゅうににち 二十二日	にじゅうさんにち 二十三日	にじゅうよっか 二十四日	にじゅうごにち 二十五日
にじゅうろくにち 二十六日		にじゅうはちにち 二十八日	にじゅうくにち 二十九日	さんじゅうにち 三十日

시제

어제		오늘		내일	

2 다음 문장을 일본어로 완성하세요.

❶ 오늘은 몇 월 며칠입니까?　　　今日は＿＿＿＿＿＿＿ですか。

❷ 오늘은 8월 10일 금요일입니다.　今日は＿＿＿＿＿＿＿きんようびです。

❸ 축하합니다.　　　　　　　　　＿＿＿＿＿＿＿＿＿＿＿＿。

❹ 새로운 지갑을 원합니다.　　　新しい 財布が＿＿＿＿＿です。

일상생활

かお あら
顔を 洗う   얼굴을 씻다(세수하다)

は
歯を みがく   이를 닦다

はん た
ご飯を 食べる   밥을 먹다

ふ ろ はい
お風呂に 入る   목욕을 하다(목욕하다)

し ごと
仕事を する   일을 하다

うんどう
運動を する   운동을 하다

おんがく き
音楽を 聞く   음악을 듣다

み
テレビを 見る   TV를 보다

ふく き
服を 着る   옷을 입다

シャワーを あびる   샤워를 하다(샤워하다)

べんきょう
勉強を する   공부를 하다

'목욕을 하다'에서 「おふろ」는 '욕조', 「はいる」는 '들어가다'라는 뜻입니다. 욕조에 들어가다, 즉 목욕을 한다는 뜻으로 쓰입니다. '샤워를 하다'에서 「あびる」는 '뒤집어쓰다', '흠뻑 쓰다'라는 뜻이에요.

동사의 분류 재도전!

4과에서 동사를 세 그룹으로 분류했어요. 기억나시죠?
동사 분류를 할 수 있어야 이 분류에 맞게 정중체(정중형)로 바꿀 수 있어요.

1그룹	2그룹	3그룹
2, 3그룹이 아닌 나머지 동사	i+る e+る	암기 2개뿐!
엄청 많다! かう 사다　あう 만나다　いく 가다 かく 쓰다　はなす 이야기하다 まつ 기다리다　しぬ 죽다　のむ 마시다 よむ 읽다　のる 타다　わかる 알다	おきる ki+る 일어나다 たべる be+る 먹다	くる 오다 する 하다

1 다음을 올바르게 연결하세요.

^{かお}
顔を ●　　　● ^た食べる ●　　　● 밥을 먹다

^は
歯を ●　　　● ^{はい}入る ●　　　● 목욕을 하다

^{うんどう}
運動を ●　　　● ^み見る ●　　　● TV를 보다

^{はん}
ご飯を ●　　　● する ●　　　● 얼굴을 씻다

^{おんがく}
音楽を ●　　　● みがく ●　　　● 음악을 듣다

^{ふ ろ}
お風呂に ●　　　● ^き聞く ●　　　● 이를 닦다

テレビを ●　　　● ^{あら}洗う ●　　　● 운동을 하다

2 그림에서 동사를 찾아 동그라미 하고, 몇 그룹에 속하는지 빈칸을 채우세요.

い	く	ら	り	ろ	の	む
あ	い	え	お	か	き	く
こ	さ	は	な	す	し	す
せ	そ	た	🐻	て	と	み
た	に	ね	の	は	く	る
べ	へ	ほ	ま	み	め	も
る	り	れ	す	る	や	よ

예　いく　　　（　1　그룹 ）

❶　はなす　　（　　　그룹 ）

❷　たべる　　（　　　그룹 ）

❸　のむ　　　（　　　그룹 ）

❹　する　　　（　　　그룹 ）

❺　くる　　　（　　　그룹 ）

❻　みる　　　（　　　그룹 ）

時々 映画を 見ます。　　때때로 영화를 봅니다.

「時々」는 '때때로, 가끔씩'이라는 뜻이에요. 時 뒤에 々는 도대체 뭘까요? 이것은 앞의 한자를 한 번 더 반복한다는 뜻이에요.(한자 같을 동(同)을 축약한 것) とき＋とき 두 단어를 반복하고, 발음 편의상 「ときどき」가 되었어요.

빈도 부사

항상	대체로	때때로	전혀
いつも	だいたい	時々	全然

毎日 新聞を 読みますか。　　매일 신문을 읽습니까?

はい、読みます。　　네, 읽습니다.

いいえ、読みません。　　아니요, 읽지 않습니다.

「～ます」(합니다)를 「～ません」으로 바꾸면 '～하지 않습니다'라는 부정형 문장이 됩니다.
동사의 정중체 긍정과 부정은 문법 파트에서 상세하게 배우도록 해요.

ケータイを 見ながら 歩きます。

휴대폰을 보면서 걷습니다.

동사를 ます형으로 바꾼 뒤 ます 대신에 「ながら」를 쓰면 '～하면서'라는 뜻이 됩니다.
ます형은 문법 파트에서 상세하게 배우도록 해요.
見る 보다 ➜ 見ます 봅니다
　　　　 ➜ 見ながら 보면서

1 아래 문장을 올바르게 연결하세요.

❶ 때때로 술을 마십니다.　　　　　　•   • 時々　朝ねぼうを　します。

❷ 때때로 메일을 보냅니다.　　　　　•   • 時々　メールを　送ります。

❸ 때때로 혼자서 밥을 먹습니다.　　•   • 時々　一人で　ご飯を　食べます。

❹ 때때로 늦잠을 잡니다.　　　　　　•   • 時々　お酒を　飲みます。

2 다음 예와 같이 대화문을 만드세요.

예 毎日　新聞を　読みますか。 매일 신문을 읽습니까?

はい、読みます。 네, 읽습니다.

いいえ、読みません。 아니요, 읽지 않습니다.

❶ 毎日　英語を　勉強しますか。 매일 공부합니까?

はい、_____。

いいえ、_____。

❷ 毎日　日記を　書きますか。 매일 일기를 씁니까?

はい、_____。

いいえ、_____。

❸ 毎日　ドラマを　見ますか。 매일 드라마를 봅니까?

はい、_____。

いいえ、_____。

단어

朝(あさ)ねぼう 늦잠　メールを 送(おく)る 메일을 보내다　一人(ひとり)で 혼자서　ご飯(はん)を 食(た)べる 밥을 먹다　お酒(さけ)を 飲(の)む 술을 마시다

회화

다나카　イさんは　毎日^{まいにち}　何時^{なんじ}に　起^おきますか。

이민호　七時^{しちじ}に　起^おきます。

다나카　朝^{あさ}　起^おきたら　何^{なに}を　しますか。

이민호　だいたい　コーヒーを　飲^のみながら　メールを　チェックします。

다나카　朝^{あさ}ごはんは　食^たべませんか。

이민호　はい、食^たべません。　いつも　コーヒーだけです。

다나카　会社^{かいしゃ}まで　何分^{なんぷん}　かかりますか。

이민호　私^{わたし}は　家^{いえ}で　仕事^{しごと}します。　出勤^{しゅっきん}しません。

다나카　テレワークですか。

이민호　はい、そうです。

다나카	이 씨는 매일 몇 시에 일어납니까?
이민호	7시에 일어납니다.
다나카	아침에 일어나면 무엇을 합니까?
이민호	대체로 커피를 마시면서 메일을 체크합니다.
다나카	아침밥은 먹지 않습니까?
이민호	네, 먹지 않습니다. 항상 커피뿐입니다.
다나카	회사까지 몇 분 걸립니까?
이민호	나는 집에서 일합니다. 출근하지 않습니다.
다나카	재택근무입니까?
이민호	네, 그렇습니다.

다나카	イさんは まいにち なんじに おきますか。	毎日(まいにち) 매일　何時(なんじ) 몇시　시간+に ~에
이민호	しちじに おきます。	동사의 정중체 긍정·부정을 만드는 ます형! 문법 파트에서 배울 거예요.
다나카	あさ おきたら なにを しますか。	朝(あさ) 아침　起(お)きる 일어나다 - 起きたら 일어나면　何(なに) 무엇　しますか 합니까?
이민호	だいたい コーヒーを のみながら メールを チェックします。	だいたい(대체로), いつも(항상)와 같이 빈도를 나타내는 것을 '빈도부사'라고 해요. 빈도가 많은 순으로 정리해보면 いつも(항상) 〉 だいたい(대체로) 〉 ときどき(때때로) 〉 ぜんぜん(전혀) 「동사의 ます형 + ながら」(~하면서) 「チェック」(체크)는 어떻게 발음해야 할까요? [첵꾸](체/ㄱ/꾸) 3박자로 발음하면 됩니다. だいたい 대체로　コーヒーを 飲(の)む 커피를 마시다　メール 메일　チェック 체크
다나카	あさごはんは たべませんか。	아침밥 朝ご飯, 朝ごはん 어느 것이나 써도 됩니다. 朝(あさ)ごはん 아침밥　食(た)べる 먹다　~ませんか ~하지 않습니까?
이민호	はい、たべません。 いつも コーヒーだけです。	いつも 항상　~だけ ~뿐
다나카	かいしゃまで なんぷん かかりますか。	会社(かいしゃ) 회사　~まで ~까지　何分(なんぷん) 몇분　かかる 걸리다
이민호	わたしは いえで しごとします。 しゅっきんしません。	家(いえ) 집　장소+で ~에서　仕事(しごと) 일　出勤(しゅっきん) 출근
다나카	テレワークですか。	テレワーク 재택근무(telework)
이민호	はい、そうです。	そうです 그렇습니다

동사의 분류

1그룹	2그룹	3그룹
2, 3그룹이 아닌 나머지 동사	i+る e+る	암기 2개뿐!
엄청 많다! かう 사다　いく 가다 はなす 이야기하다　まつ 기다리다 しぬ 죽다　わかる 알다	おきる　ki+る 일어나다 たべる　be+る 먹다	くる 오다 する 하다

동사 정중체(ます형) ～합니다

1그룹	2그룹	3그룹
う단→い단+ます	る→ます	암기!
かう　→　かいます いく　→　いきます はなす　→　はなします まつ　→　まちます しぬ　→　しにます わかる　→　わかります	おきる　→　おきます たべる　→　たべます	くる　→　きます する　→　します

*う단이랑 い단이 뭐지?

あ	か	さ	た	な	は	ま	や	ら	わ	
い	き	し	ち	に	ひ	み		り		い단
う	く	す	つ	ぬ	ふ	む	ゆ	る		う단
え	け	せ	て	ね	へ	め		れ		
お	こ	そ	と	の	ほ	も	よ	ろ	を	

ます형을 활용한 접속표현　～하고 싶다, ～하면서

たべる　먹다　　　　　**たべます**　먹습니다

たべたい　먹고 싶다　　**たべながら**　먹으면서

1 아래 빈칸을 채우면서 정중체(ます형)를 연습해보세요. 한자가 어렵다면 히라가나로 적어보세요.

기본형.뜻	분류	~ます ~합니다	~ません ~하지 않습니다	~たい ~하고 싶다	~ながら ~하면서
買う 사다	1그룹	かいます	かいません	かいたい	かいながら
会う 만나다					
行く 가다					
書く 쓰다					
話す 이야기하다					
待つ 기다리다					
持つ 들다, 가지다					
遊ぶ 놀다					
飲む 마시다					
読む 읽다					
乗る 타다					
帰る 돌아가다(돌아오다)					
見る 보다					
食べる 먹다					
起きる 일어나다					
寝る 자다					
教える 가르치다					
する 하다					
来る 오다					

1 다음 단어를 3번씩 발음해보세요.　○ □ □

かお　あら
顔を 洗う

ふ ろ　はい
お風呂に 入る

し ごと
仕事を する

べんきょう
勉強を する

2 다음 패턴으로 말해보세요.

えい ご　べんきょう
A: 英語を 勉強しますか。 영어를 공부합니까?

べんきょう
B: はい、勉強します。

べんきょう
いいえ、勉強しません。

にっ き　か
❶ 日記を 書く

しんぶん　よ
❷ 新聞を 読む

さけ　の
❸ お酒を 飲む

はん　た
❹ ご飯を 食べる

3 아래 문장을 3번씩 읽어보세요.　○ □ □

の
コーヒーを 飲みながら メールを チェックします。

커피를 마시면서 메일을 체크합니다.

ゲームしながら チャットを します。

게임하면서 채팅(chat)을 합니다.

た　えい が　み
ポップコーンを 食べながら 映画を 見ます。

팝콘을 먹으면서 영화를 봅니다.

1 잘 듣고 빈칸에 알맞은 글자를 써넣으세요.

❶ 友達に 電話 [＿＿＿＿＿]　　❷ テレビを [＿＿＿＿＿]

❸ 音楽を [＿＿＿＿＿]　　❹ シャワーを [＿＿＿＿＿]

2 잘 듣고 다음 동사의 기본형(원형)을 적으세요.

1그룹	예 ___買う___	→	かいます 삽니다
	_____	→	いきます 갑니다
	_____	→	はなします 이야기합니다
	_____	→	まちます 기다립니다
2그룹	_____	→	おきます 일어납니다
	_____	→	たべます 먹습니다
3그룹	_____	→	きます 옵니다
	_____	→	します 합니다

3 다음 문장을 잘 듣고, 틀린 글자를 동그라미 하고 바르게 고치세요.

예 テレワー⓪力ですか。　　　　　　　　　(　ク 　)

❶ 朝おはんは 食べませんか。　　　　　　(　　　)

❷ はい、食べません。いかも コーヒーだけです。　(　　　)

❸ 会社まで 何分 かかいますか。　　　　　(　　　)

❹ 私は 家で 仕事します。出勤きません。　(　　　)

私は 毎日 七時に 起きます。 朝ごはんは 食べません。

나는 매일 7시에 일어납니다. 아침밥은 먹지 않습니다.

いつも コーヒーだけです。

항상 커피뿐입니다.

私は 家で 仕事を します。 出勤しません。 テレワークです。

나는 집에서 일을 합니다. 출근하지 않습니다. 재택근무입니다.

朝から 夜まで 一人で 仕事するから さびしい 時も あります。

아침부터 저녁까지 혼자서 일하기 때문에 외로울 때도 있습니다.

でも 私の 仕事が 大好きです。

하지만 나의 일을 매우 좋아합니다.

これからも がんばって 有名な デザイナーに なりたいです。

앞으로도 열심히 해서 유명한 디자이너가 되고 싶습니다.

단어

毎日(まいにち) 매일　夜(よる) 저녁, 밤　〜から〜まで 〜부터 〜까지　一人(ひとり)で 혼자서　동사+から 〜하기 때문에　さびしい
외롭다　時(とき)も 때도　あります 있습니다　でも 하지만　仕事(しごと) 일, 직업　〜が 大好(だいす)きです 〜을 매우 좋아
합니다　これからも 앞으로도　がんばる 열심히 하다, 분발하다 ― がんばって 분발해서　有名(ゆうめい)だ 유명하다 ― 有名な 유명한
デザイナー 디자이너　〜になる 〜이 되다 ― 〜に なりたい 〜이 되고 싶다

1 다음 문장을 따라 써보세요.

私は 毎日 七時に 起きます。朝ごはんは 食べません。

🖉 ....

いつも コーヒーだけです。

🖉 ....

私は 家で 仕事を します。出勤しません。テレワークです。

🖉 ....

朝から 夜まで 一人で 仕事するから さびしい 時も あります。

🖉 ....

でも 私の 仕事が 大好きです。

🖉 ....

これからも がんばって 有名な デザイナーに なりたいです。

🖉 ....

2 다음 문장을 일본어로 써보세요.

영어를 공부하지 않습니다.

🖉 ....

재택근무입니다.

🖉 ....

네, 그렇습니다.

🖉 ....

7시에 일어납니다.

🖉 ....

SNS에서 많이 쓰이는 단어 베스트 10

1위 インスタ映^ばえ
인스타용 사진

インスタグラム + 写真映^{しゃしん ば}え
인스타그램 　　　사진발

2위 おけまる
알겠어

オッケー + まる
OK 　　　마침표(。)

3위 かまちょ
관심 좀 줘 = 나랑 놀아줘

かまう + ちょうだい
상관하다 　　～해 줘

4위 グーグる
구글링하다

グーグル + ～る
구글(Google) 　～하다

5위 自撮^{じ ど}り
셀카

自分^{じ ぶん}で + 撮^とる
스스로 　　　찍다

6위 ディスる
디스(dis)하다; 헐뜯거나
공격하다

ディス + ～る
디스 　　～하다

7위 テンアゲ
기분 up, 매우 흥분

テンション + 上^あげる
텐션 　　　올리다

8위 プロフ画^が
프사

プロフィール + 画像^{が ぞう}
프로필 　　　사진

9위 胸キュン
심쿵

胸^{むね} + キュン
가슴 　쿵

10위 メンブレ
멘붕

メンタル + ブレイク
멘탈 　　부서지다, 브레이크(break)

이렇게 살펴보니 참 재미있는 말이 많지요? 기회가 되면 SNS에서 꼭 한 번 써먹어보세요!

일상이나 드라마에서 많이 쓰이는 만능 일본어는 무엇이 있을까요?
짧지만 강한 한마디!

がんばります。

열심히 하겠습니다.
분발하겠습니다.

'분발하다', '참고 계속 노력하다'라는 뜻의 동사 「頑張る」를 ます형의 형태로 바꾼 표현이 일상 대화에서 자주 쓰이게 된 경우예요. 열심히 하겠다는 사람을 싫어하는 사람은 없겠지요? 열심히 하겠다는 마음을 담아 '**がんばります**'라고 말해보세요!

그렇다면 어떻게 답해줄 수 있을까요?

よしよし がんばれ。

토닥토닥 힘내.

「**よしよし**」는 '좋아좋아', '그래그래', '토닥토닥'으로 달랠 때 쓰는 표현이에요. 어린아이에게 쓰기도 해요.
「**がんばれ**」는 「**がんばる**」의 명령형으로 '힘내, 힘내라'로 해석할 수 있어요.
비슷한 표현으로 「**がんばって**」가 있습니다. '힘내줘'라는 뜻으로 「**がんばって ください**」(힘내주세요)의 반말체입니다.
「**がんばります。**」(열심히 하겠습니다)라고 일본인이 말하면 「**よしよし がんばれ。**」(토닥토닥 힘내)라고 이야기해보세요.
마음까지 따뜻한 사람이라며 일본인에게 큰 힘이 될 거예요.

9

첫눈에 반했습니다.

ひと め
一目ぼれでした。

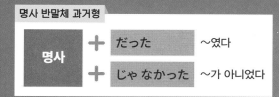

명사 반말체 과거형

명사	+	だった	~였다
	+	じゃ なかった	~가 아니었다

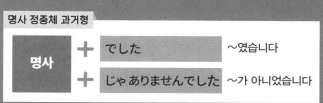

명사 정중체 과거형

명사	+	でした	~였습니다
	+	じゃ ありませんでした	~가 아니었습니다

 토닥토닥 응원 메시지

일본어 공부 힘들죠? 누가 '공부가 제일 쉬었어요!'라고 했나요!

머릿속에 잘 안 들어오는 것을 붙잡고 있을 바에 다른 걸 할까 궁리 중이신가요?

여러분, 세상에 쉬운 것은 없습니다! 공짜 없습니다!

일본어를 잘하기 위해선 이 고비를 넘어야 합니다. 이 작은 '조약돌'만 한 고비에서 포기하면 큰 산은 넘을 수 없어요. 이 고비를 기꺼이 넘어주세요. 포기하지 않고 버티기만 하면 넘을 수 있습니다.

부디 꼭 버텨주세요!

1 아래 단어의 한국어 뜻을 써넣으세요.

일상생활

顔を 洗う		歯を みがく	
お風呂に 入る		シャワーを あびる	
勉強を する		音楽を 聞く	

2 다음 동사를 ます형으로 바꾸세요.

1그룹		2그룹		3그룹	
かく		おきる		する	
まつ		たべる		くる	
のむ		ねる			
のる					

3 다음 문장의 빈칸을 채우세요.

❶ 매일 몇 시에 일어납니까?　　毎日 ＿＿＿＿＿＿＿＿ 起きますか。

❷ 대체로 커피를 마시면서 메일을 체크합니다.

　　だいたい コーヒーを ＿＿＿＿＿＿＿＿ メールを チェックします。

❸ 때때로 영화를 봅니다.　　＿＿＿＿＿＿＿＿ 映画を 見ます。

❹ 커피는 마시지 않습니다.　　コーヒーは ＿＿＿＿＿＿＿＿＿＿ 。

연애 관련

こい
恋 연인의 사랑, 두근거리는 사랑

あい
愛 부모님의 사랑, 따뜻한 느낌의 사랑

こいびと
●恋人 연인, 애인

はつこい
初恋 첫사랑

かれ し
彼氏 남자친구

かのじょ
彼女 여자친구

ひと め
一目ぼれ 첫눈에 반함

かたおも
片思い 짝사랑

こくはく
告白 고백

つ あ
付き合う 사귀다

ごう
●合コン 소개팅, 미팅

デートする 데이트하다

み あ
お見合い 맞선

けっこん
結婚 결혼

チュー 뽀뽀

キス 키스

だ
抱く ＝ ハグする 안다, 포옹하다

참깐 『愛人(あいじん)』을 한자 그대로 읽으면 '애인'인데요.
우리가 말하는 '애인'과는 전혀 달라요. 『愛人』은 불륜 관계를 말합니다.

참깐 合同(ごうどう) 공동 + コンパニー(company)
모임의 줄임말입니다.

1 아래 단어를 그림에서 찾아 동그라미 하세요.

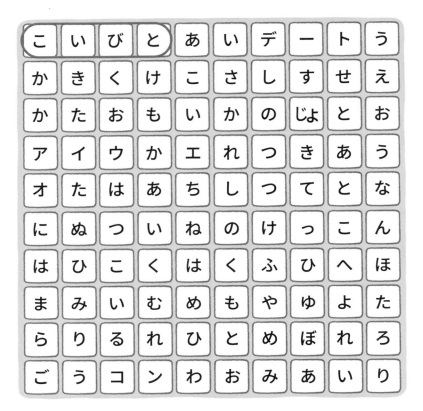

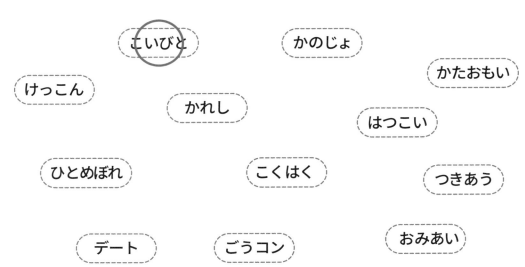

こ	い	び	と	あ	い	デ	ー	ト	う
か	き	く	け	こ	さ	し	す	せ	え
か	た	お	も	い	か	の	じょ	と	お
ア	イ	ウ	か	エ	れ	つ	き	あ	う
オ	た	は	あ	ち	し	つ	て	と	な
に	ぬ	つ	い	ね	の	け	っ	こ	ん
は	ひ	こ	く	は	く	ふ	ひ	へ	ほ
ま	み	い	む	め	も	や	ゆ	よ	た
ら	り	る	れ	ひ	と	め	ぼ	れ	ろ
ご	う	コ	ン	わ	お	み	あ	い	り

こいびと かのじょ かたおもい けっこん かれし はつこい ひとめぼれ こくはく つきあう デート ごうコン おみあい

好き。　좋아해.　　好きです。　좋아합니다.

愛してる。　사랑해.　　愛してます。　사랑합니다.

愛する 사랑하다

愛して いる 사랑하고 있다 ——회화체에서 い 탈락—→ あいして る '사랑해'로 해석하는 경우가 많아요

愛して います 사랑하고 있습니다 ——회화체에서 い 탈락—→ あいして ます '사랑합니다'로 해석하는 경우가 많아요

일본인은 「あいしてる」(사랑해)를 매우 책임감 있고 진중한 말로 생각해서 일반적으로 사용하지 않아요. 문화적인 차이겠지요. 연인과 가족 사이에는 대부분 「好き」를 사용하고 한국어로 '사랑해'라고 해석하는 경우가 많아요.

見たい。 vs 会いたい。　보고 싶어.

둘 다 해석하면 '보고 싶어'이지만, 쓰임새가 달라요.

見たい　동사 「見る」(보다)의 활용 표현이에요. '무언가를 (눈으로) 보다'라는 뜻이라, '드라마를 보고 싶다', 'TV를 보고 싶다' 등에 쓰여요.

会いたい　동사 「会う」(만나다)의 활용 표현이에요. '누군가를 만나다'라는 뜻이라, 연인에게 '보고 싶다'고 말할 때는 「会いたい」를 써야 합니다.

付き合う　사귀다

付き合って ください。　사귀어주세요.

デートする　데이트하다

デートして ください。　데이트해주세요.

문장 연습

1 아래 퍼즐을 완성하세요.

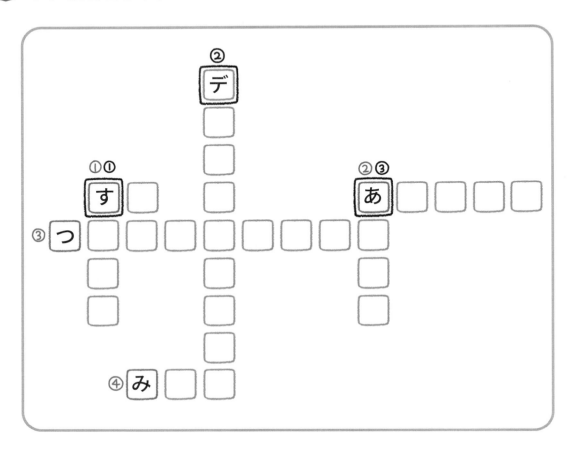

가로

❶ 좋아해(사랑해로도 쓰임)

❷ 사랑해(진중한 느낌)

❸ 사귀어주세요

❹ (TV, 드라마 등이) 보고 싶다

세로

❶ 좋아합니다(사랑합니다로도 쓰임)

❷ 데이트해주세요

❸ (애인에게) 보고 싶다

다나카 　彼女とは　何年目ですか。

이민호 　三年目です。

다나카 　友だちの　紹介でしたか。

이민호 　いいえ、紹介じゃ　ありませんでした。
　　　　彼女は　うちの　近くの　病院の　かんごしでした。
　　　　あの　時　私は　ふみんしょうの　かんじゃでした。

다나카 　ああ、そうですか。

이민호 　週に　一回、病院に　行きました。
　　　　あんな　やさしい　人は　はじめてでした。
　　　　実は　一目ぼれでした。

다나카 　여자친구와는 몇 년째입니까?

이민호 　3년째입니다.

다나카 　친구의 소개였습니까?

이민호 　아니요, 소개가 아니었습니다.
　　　　여자친구는 우리 집 근처 병원의 간호사였습니다.
　　　　그때 나는 불면증 환자였습니다.

다나카 　아, 그렇습니까?

이민호 　주 1회 병원에 갔습니다.
　　　　그런 상냥한 사람은 처음이었습니다.
　　　　실은 첫눈에 반했습니다.

회화 연습

다나카　**かのじょとは　なんねんめですか。**

と(와) + は(는) = とは(와는) 정말 간단하면서도 쉽지 않나요?^^

彼女(かのじょ) 그녀, 여자친구 **〜とは** ~와는 **何年目(なんねんめ)** 몇 년째

이민호　**さんねんめです。**

다나카　**ともだちの　しょうかいでしたか。**

친구는 友達, 友だち 모두 쓸 수 있어요.
명사의 반말체·정중체 과거형은 문법 파트에서 배우기로 해요.

紹介(しょうかい) 소개

이민호　**いいえ、しょうかいじゃ　ありませんでした。**

　　　かのじょは　うちの　ちかくの　びょういんの　かんごしでした。

　　　あの　とき　わたしは　ふみんしょうの　かんじゃでした。

「あの 時(とき)」의 원래 해석은 '저 때'이지만, 회상할 때는 '그때'로도 쓸 수 있어요.

うち 우리, 우리 집 **近(ちか)く** 근처 **病院(びょういん)** 병원 **かんごし** 간호사 **ふみんしょう** 불면증 **かんじゃ** 환자

다나카　**ああ、そうですか。**

이민호　**しゅうに　いっかい、びょういんに　いきました。**

　　　あんな　やさしい　ひとは　はじめてでした。
　　　じつは　ひとめぼれでした。

「あんな」는 원래 '저런'이라는 뜻이지만 과거를 회상할 때는 '그런'으로 해석할 수 있어요.

週(しゅう)に 주에, 1주일에 **一回(いっかい)** 1회 **行(い)く** 가다 - **いきます** 갑니다 - **いきました** 갔습니다 やさしい 상냥하다 **人(ひと)** 사람 **はじめて** 처음 **実(じつ)は** 실은, 사실은 **一目(ひとめ)ぼれ** 첫눈에 반함

 **문법**

명사의 반말체·정중체 과거형

| 명사 | + だ ~다 | だった ~였다 |
| | + じゃ ない ~가 아니다 | じゃ なかった ~가 아니었다 |

かぞくだった。　　가족이었다.

かぞくじゃ なかった。　　가족이 아니었다.

| 명사 | + です ~입니다 | でした ~였습니다 |
| | + じゃ ありません ~가 아닙니다 | じゃ ありませんでした ~가 아니었습니다 |

かぞくでした。　　가족이었습니다.

かぞくじゃ ありませんでした。　　가족이 아니었습니다.

~では ありませんでした
~じゃ ありませんでした
~じゃ なかったです

모두 명사의 정중체 과거형입니다.
아래로 내려올수록 회화체 느낌이 강해요.

의문형 만들기와 대답하기

A: 学生^{がくせい}だった？　　학생이었어?

B: うん、学生^{がくせい}だった。　　응, 학생이었어.

　　ううん、学生^{がくせい}じゃ なかった。　　아니, 학생이 아니었어.

A: 学生^{がくせい}でしたか。　　학생이었습니까?

B: はい、学生^{がくせい}でした。　　네, 학생이었습니다.

　　いいえ、学生^{がくせい}じゃ ありませんでした。　　아니요, 학생이 아니었습니다.

1 다음 예와 같이 문장을 만드세요.

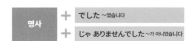

명사 + だった ~었다
명사 + じゃ なかった ~가 아니었다

예 初恋_{はつこい}だった。

初恋_{はつこい}じゃ なかった。

❶ 一目ぼれ_{ひとめ}_____。

一目ぼれ_{ひとめ}_____。

❷ かんごし_____。

かんごし_____。

❸ かんじゃ_____。

かんじゃ_____。

2 다음 예와 같이 문장을 만드세요.

명사 + でした ~었습니다
명사 + じゃ ありませんでした ~가 아니었습니다

예 初恋_{はつこい}でした。

初恋_{はつこい}じゃ ありませんでした。

❶ 友達_{ともだち}の 紹介_{しょうかい}_____。

友達_{ともだち}の 紹介_{しょうかい}_____。

❷ 三年目_{さんねんめ}_____。

三年目_{さんねんめ}_____。

❸ ふみんしょう_____。

ふみんしょう_____。

1 다음 단어를 3번씩 발음해보세요. ○ □ □

> こいびと
> 恋人
>
> かれ し
> 彼氏
>
> かのじょ
> 彼女
>
> けっこん
> 結婚

2 다음 패턴으로 말해보세요.

> がくせい
> A: 学生だった？
>
> がくせい
> B: うん、学生だった。
>
> がくせい
> ううん、学生じゃ なかった。

しょうがくせい
❶ 小学生

ちゅうがくせい
❷ 中学生

こうこうせい
❸ 高校生

だいがくせい
❹ 大学生

3 다음 패턴으로 말해보세요.

> がくせい
> A: 学生でしたか。
>
> がくせい
> B: はい、学生でした。
>
> がくせい
> いいえ、学生じゃ ありませんでした。

❶ かんごし

❷ かんじゃ

❸ ふみんしょう

ひと め
❹ 一目ぼれ

1 잘 듣고 빈칸에 알맞은 글자를 써넣으세요.

❶ ☐ き ☐ う   ❷ ☐ ート

❸ おみ ☐ い   ❹ ごう ☐ ン

2 잘 듣고 빈칸에 알맞은 단어를 써넣으세요.

❶ A: 彼女（かのじょ）とは 何年目（なんねんめ）ですか。

   B: ☐☐☐☐☐ です。

❷ A: 友達（ともだち）の 紹介（しょうかい）でしたか。

   B: いいえ、紹介（しょうかい） ☐☐☐☐☐☐☐ 。

❸ 週（しゅう）に ☐☐☐☐☐ 病院（びょういん）に 行（い）きました。

❹ 実（じつ）は ☐☐☐☐☐ でした。

3 다음 문장을 잘 듣고, 틀린 글자를 동그라미 하고 바르게 고치세요.

예 三年目（さんねんめ）です(た)。   (し)

❶ 初恋（はつこい）なった。   (   )

❷ 初恋（はつこい）ざ なかった。   (   )

❸ 片思（かたおも）いてした。   (   )

❹ 片思（かたおも）いじゃ あいませんでした。   (   )

彼女（かのじょ）と　私（わたし）は　三年目（さんねん め）だ。

여자친구와 나는 3년째이다.

友（とも）だちの　紹介（しょうかい）じゃ　なかった。　一目（ひと め）ぼれだった。

친구의 소개가 아니었다. 첫눈에 반했다.

今（いま）まで　あんな　やさしい　人（ひと）は　はじめてだった。

지금까지 그런 상냥한 사람은 처음이었다.

私（わたし）は　ふみんしょうだったので　週（しゅう）に　一回（いっかい）病院（びょういん）に　行（い）った。

나는 불면증이었기 때문에 일주일에 1번 병원에 갔다.

彼女（かのじょ）は　そこの　病院（びょういん）の　かんごしだった。

여자친구는 거기 병원의 간호사였다.

私（わたし）は　かんじゃだった。

나는 환자였다.

でも　彼女（かのじょ）と　出会（で あ）ってから　ふみんしょうは　だいぶ　よく
なった。

하지만 여자친구와 만나고 나서 불면증은 상당히 좋아졌다.

から vs ので
둘 다 '~때문에'로 원인, 이유를 나타내요.
「から」는 주관적인 문장, 의지와 감정을 나타내는 경우에 많이 쓰고,
「ので」는 객관적인 문장, 이성이나 논리를 나타내는 경우에 많이 써요.
겹치는 부분도 많으니 너무 엄격하게 구분하지 않으셔도 됩니다.

단어

~と ~와　今(いま)まで 지금까지　あんな 그런　~ので ~때문에　行(い)く 가다─行った 갔다　そこ 거기　そこの 거기의　でも
하지만　出会(であ)う 우연히 만나다, 마주치다　~てから ~하고 나서　だいぶ 상당히, 꽤　よくなる 좋아지다─よくなった 좋아졌다

1 다음 문장을 따라 써보세요.

彼女（かのじょ）と 私（わたし）は 三年目（さんねんめ）だ。

✎

友（とも）だちの 紹介（しょうかい）じゃ なかった。

✎

一目（ひとめ）ぼれだった。

✎

今（いま）まで あんな やさしい 人（ひと）は はじめてだった。

✎

私（わたし）は ふみんしょうだったので 週（しゅう）に 一回（いっかい） 病院（びょういん）に 行（い）った。

✎

彼女（かのじょ）は そこの 病院（びょういん）の かんごしだった。私（わたし）は かんじゃだった。

✎

でも 彼女（かのじょ）と 出会（であ）ってから ふみんしょうは だいぶ よく なった。

✎

2 다음 문장을 일본어로 써보세요.

사귀어주세요.

✎

실은 첫눈에 반했습니다.

✎

아니요. 학생이 아니었습니다.

✎

일본인과의 사랑, 그리고 연애

(feat. 한일 커플 상담 경험 多)

> 일본인 여자친구가 사랑한다는 말은 하지 않고 좋아한다고만 말해요. 절 사랑하지 않는 걸까요?

일본인은 「好き」(좋아해)를 일반적으로 써요. 우리말 '사랑해'에 해당하는 「愛してる」는 일본인에게 책임감이 느껴지는 단어로 진중하고 무거운 느낌이 들어 잘 사용하지 않아요. 한국어는 '좋아해'와 '사랑해'를 엄연히 구분하지만, 일본에서는 「好き」도 사랑한다는 말이니 여자친구의 마음을 오해하지 말아요.^^

> 일본인 남자친구는 라인 확인이 너무 느리고 답장도 한참 뒤에 해요. 저보다 일을 사랑하는 걸까요?
>
> *라인: 일본 대표 SNS 메신저

우리나라는 메신저 확인이 즉각적이고 빠른 편입니다. 메신저 확인하는 속도가 그 사람에 대한 관심이나 중요도라고 생각하기도 해요. 하지만 일본인은 지금 하고 있는 당장의 일에 집중하고, 그 일이 다 해결된 뒤에 메신저 답장을 해도 된다는 생각이 일반적입니다. 여자친구를 덜 사랑해서 그런 것이 아니라 무슨 일이든 신중하게 결정하고 답변을 하는 일본인의 성향이라고 생각해주세요.

> 일본인 남자친구는 길거리에서 손 잡고 걷는 것을 싫어해요. 애정표현도 잘 하지 않습니다.

한국에서는 연인끼리 길거리나 공공장소에서 손을 잡고 걷거나 팔짱 끼는 것을 많이 볼 수 있잖아요. 하지만 일본인은 공공장소에서의 애정표현이 다른 사람에게는 실례라는 생각이 강해요. 부끄러워하기도 하구요. 여자친구를 사랑하지 않아서 애정표현에 소극적인 것이 아니라, 일본인의 성향 자체가 바깥에서의 적극적인 애정표현을 긍정적으로 생각하지 않아요. 이 부분은 문화 차이이니 서로의 이해를 바탕으로 대화로 풀어가시면 좋겠어요. 연인 관계에서 애정표현은 아주 중요하니까요!

> 일본인 여자친구는 너무 계산적인 것 같아요. 항상 더치페이로 계산해요.

요즘은 한국도 더치페이 문화가 깊이 자리를 잡았지만, 일본에서는 친구는 물론, 연인 관계에서도 자기가 먹은 것은 자기가 계산하는 더치페이를 당연하게 여겨요. 일본어로 「割り勘」이라고 해요. 단어가 별도로 있을 정도로 일본의 오래된 문화이자 환경일 뿐이니 계산적이라고 생각하지 말아주세요.

일본어 왕초보의 센스 있고 멋진 사랑 고백

君の ことが 好き。
きみ　　　　　　 す

넬 사랑해.

앞에서도 여러 번 말했지만 일본인에게 「愛してる」는 책임감이 느껴지는 너무 무거운 말이라,
あい
사랑한다는 표현으로 「好き」를 더 많이 쓴다고 했지요.
す
'좋아해'의 단편적인 뜻을 넘어 '사랑해'의 뜻으로 이해해주면 좋을 것 같아요.

君が 好き。
きみ　　す

넬 좋아해(사랑해).

라고 해도 충분히 사랑을 고백하는 말이 됩니다.
조금 더 센스 있게, 네이티브도 많이 쓰는 표현을 알아볼까요?

君の ことが 好き。
きみ　　　　　　 す

넬 좋아해(사랑해).

너의 일을 사랑해,
즉, 너의 모든 것을 사랑한다는 의미입니다.

「君が 好き」도 「君の ことが 好き」도 둘 다 해석은 '넬 좋아해(사랑해)'가 됩니다.
「君が 好き」는 '너'라는 사람을 사랑한다는 뜻이고
「君の ことが 好き」는 너라는 사람을 둘러싼 환경, 성격, 모습, 생각 등 모든 것을 사랑한다는 뜻입니다.
그러니 「君の ことが 好き」를 듣는다면 더 감동적이겠죠?^^

고백 성공할 확률이 높아질지도 모르겠네요.

10

여행은 즐거웠습니다.

旅行は 楽しかったです。

い형용사			
	+	かった	~였다
	+	なかった	~지 않았다
	+	かったです	~였습니다
	+	く ありませんでした	~지 않았습니다

な형용사			
	+	だった	~였다
	+	じゃ なかった	~지 않았다
	+	でした	~였습니다
	+	じゃ ありませんでした	~지 않았습니다

토닥토닥 응원 메시지

이번 과의 테마는 여행입니다. 여행지에서 원어민과 소통이 된다면 여행의 즐거움은 배가 되겠죠?
지금 배우고 있는 일본어를 활용하여 여행지에서 꼭 원어민과 소통해보세요.
그리고 일본만의 정서가 있는 아기자기한 카페에서 현지인처럼 여유를 느껴보세요.
이번 과를 다 마칠 때쯤 여행에서 써먹을 표현과 문장들로 머릿속이 가득 차 반드시 자신감이 생길 겁니다.

이 지난 과 복습

1 다음 단어의 한국어 뜻을 써넣으세요.

付き合う （つ）（あ）		デート		お見合い （み）（あ）	
合コン （ごう）		結婚 （けっこん）		恋人 （こいびと）	
彼氏 （かれ）（し）		彼女 （かのじょ）		告白 （こくはく）	

2 다음 빈칸에 알맞은 말을 써넣으세요.

A: 学生だった？　　　　B: うん、学生＿＿＿＿＿＿＿＿＿。
（がくせい）　　　　　　　　　　　　　（がくせい）

　　　　　　　　　　　　　　うううん、学生＿＿＿＿＿＿＿＿＿＿＿＿＿。
　　　　　　　　　　　　　　　　　　　（がくせい）

A: 学生でしたか。　　　B: はい、学生＿＿＿＿＿＿＿＿＿。
（がくせい）　　　　　　　　　　　　　（がくせい）

　　　　　　　　　　　　　　いいえ、学生＿＿＿＿＿＿＿＿＿＿＿＿。
　　　　　　　　　　　　　　　　　　　（がくせい）

3 다음 문장의 빈칸을 채우세요.

❶ 여자친구와는 몇 년째입니까?　　　彼女とは＿＿＿＿＿＿＿＿＿ですか。
　　　　　　　　　　　　　　　　　　（かのじょ）

❷ 친구 소개였습니까?　　　　友達の 紹介＿＿＿＿＿＿＿＿＿。
　　　　　　　　　　　　　（ともだち）（しょうかい）

❸ (애인에게) 보고 싶어.　　　＿＿＿＿＿＿＿＿＿＿。

❹ 사귀어주세요.　　　＿＿＿＿＿＿＿＿＿＿って ください。

 **단어**

카페 메뉴

ホット	핫(뜨거운 음료)	**アイス**	아이스(차가운 음료)
ドリップコーヒー	드립 커피	**エスプレッソ**	에스프레소
カフェオレ	카페오레	**カフェラテ**	카페라테
カプチーノ	카푸치노	**キャラメルマキアート**	캐러멜마키아토
カフェモカ	카페모카	**ミルクティー**	밀크티
ココア	코코아	**デザート**	디저트

장소

バス停(てい)	버스정류장	**コンビニ**	편의점
花屋(はな や)	꽃집	**本屋**(ほん や)	서점
学校(がっこう)	학교	**病院**(びょういん)	병원
レストラン	레스토랑	**デパート**	백화점
郵便局(ゆうびんきょく)	우체국		

1 어떤 메뉴가 있나요? 한글 메뉴에 동그라미 하세요.

ドリップコーヒー
エスプレッソ
カフェラテ
カプチーノ
キャラメルマキアート
カフェモカ

드립커피

코코아

아이스크림

카페모카

카푸치노

캐러멜마키아토

밀크티

2 맞는 단어끼리 올바르게 연결하세요.

학교 ●   ● 学校 (がっこう)

레스토랑 ●   ● 病院 (びょういん)

병원 ●   ● 郵便局 (ゆうびんきょく)

우체국 ●   ● 本屋 (ほんや)

서점 ●   ● 花屋 (はなや)

꽃집 ●   ● レストラン

A: ご注文は お決まりですか。　　주문은 정하셨습니까?

B: はい、 スパゲッティ 一つと コーラ 一つ ください。

네, 스파게티 하나와 콜라 하나 주세요.

메뉴 더 골라보기

シチュー 스튜	オムライス 오므라이스	カレーライス 카레	サンドイッチ 샌드위치
とんかつ 돈가스	スープ 스프	ステーキ 스테이크	ジュース 주스
ウーロン茶 우롱차	紅茶 홍차		

A: チーズバーガー 二つ お願いします。

치즈버거 2개 부탁드립니다.

B: はい、お持ち帰りですか。　　가지고 가십니까?(포장해 드릴까요?)

A: いいえ、ここで 食べます。　　아니요, 여기에서 먹겠습니다.

B: かしこまりました。少々、お待ちください。

알겠습니다. 잠시 기다려주십시오.

「わかりました。」(알겠습니다)의 공손한 표현이 「かしこまりました。」
「ちょっと 待って ください。」의 공손한 표현이 「少々、お待ちください。」

 '포장해주세요'라고 말하려면 어떻게 해야 할까요?
「持ち帰りです。」(포장입니다.) 「持って 帰ります。」(가지고 갑니다.)

A: **すみません。 図書館は　どこに　ありますか。**
としょかん

죄송합니다. 도서관은 어디에 있습니까?

B: **この　道を　まっすぐ　行って　ください。**
みち　　　　　　　い

이 길을 쭉 가주세요.

(택시타기)

A: **どちらまでですか。** 어느 쪽까지입니까?(어디 가십니까?)

B: **銀座デパートまで　お願いします。** 긴자 백화점까지 부탁드립니다.
ぎんざ　　　　　　ねが

B: **はい、 ここで　止めて　ください。** 네, 여기에서 세워주세요.
と

A: **この　電車は　原宿を　通りますか。**
でんしゃ　はらじゅく　とお

이 전철은 하라주쿠를 지납니까?

B: **次の　渋谷駅で　乗り換えて　ください。**
つぎ　しぶやえき　のか

다음 시부야역에서 환승해주세요.

단어

図書館(としょかん) 도서관　どこ 어디　장소＋に ～에　この 이　道(みち) 길　～を ～을/를　まっすぐ 쭉, 곧장　行(い)く 가다
～て ください ~해 주세요　どちら 어느 쪽　まで 까지　デパート 백화점　お願(ねが)いします 부탁드립니다　ここ 여기　장소＋で ～에서
止(と)める 멈추다, 세우다　電車(でんしゃ) 전철　原宿(はらじゅく) 하라주쿠(지명)　通(とお)る 지나다　次(つぎ) 다음　渋谷駅(しぶや
えき) 시부야역　乗(の)り換(か)える 환승하다

다나카 日本旅行は どうでしたか。

이민호 日本人も 親切だったし、 食べ物も おいしかったです。

다나카 特に どんな 食べ物が おいしかったですか。

이민호 そうですね。 とんかつが おいしかったです。
でも ラーメンは おいしく ありませんでした。

다나카 きれいな カフェにも 行って きましたか。

이민호 はい、 もちろんです。
インスタ映えスポットで 写真を とったり
いろんな コーヒーを 飲んだり して、
本当に 楽しかったです。

다나카 일본 여행은 어땠습니까?

이민호 일본인도 친절했고 음식도 맛있었습니다.

다나카 특히 어떤 음식이 맛있었습니까?

이민호 글쎄요. 돈가스가 맛있었습니다.
하지만 라면은 맛있지 않았습니다.

다나카 예쁜 카페에도 갔다 왔습니까?

이민호 네, 물론입니다.
인스타 사진 명소에서 사진을 찍거나
여러 커피를 마시거나 해서.
정말로 즐거웠습니다.

다나카	にほんりょこうは どうでしたか。	日本(にほん) 일본 旅行(りょこう) 여행 どう でしたか 어땠습니까?
이민호	にほんじんも しんせつだったし、 たべものも おいしかったです。	い형용사와 な형용사의 반말체, 정중체 과거형은 문법 파트에서 배울 거에요. 日本人(にほんじん) 일본인 親切(しんせつ)だ 친절하다 〜し 〜하고 食(た)べ物(もの) 음식, 음식물 おいしい 맛있다
다나카	とくに どんな たべものが おいしかったですか。	特(とく)に 특히 どんな 어떤
이민호	そうですね。とんかつが おいしかったです。 でも ラーメンは おいしく ありませんでした。	とんかつ 돈가스 でも 하지만
다나카	きれいな カフェにも いって きましたか。	きれいだ 깨끗하다, 예쁘다 カフェ 카페 〜にも 〜에도 行(い)って きました 갔다 왔습니다 〜か 〜입니까?(의문)
이민호	はい、もちろんです。 インスタばえスポットで しゃしんを とったり いろんな コーヒーを のんだり して、 ほんとうに たのしかったです。	インスタ 映え スポット 인스타 사진 명소 인스타그램＋사진映え＋스폿 인스타그램＋사진발＋명소(spot) 〜たり〜たり(〜하거나 〜하거나) 표현은 12과 た형(과거형)에서 배울 건데요. た 대신에 たり를 붙여 '〜하거나' 뜻을 나타냅니다. 12과에서 자세히 설명해드릴게요. 장소＋で 〜에서 写真(しゃしん)を とる 사진을 찍다 いろんな 여러 飲(の)む 마시다 〜たり〜たり 〜하거나 〜하거나 する 하다 - して 해서 本当(ほんとう)に 정말로 楽(たの)しい 즐겁다

문법

い형용사와 な형용사의 과거형

반말체

い형용사	맛있	다 었다 지 않다 지 않았다	**おいし**	**い** かった **く ない** く なかった
な형용사	친절	하다 했다 하지 않다 하지 않았다	**しんせつ**	**だ** だった **じゃ ない** じゃ なかった

정중체

い형용사	맛있	습니다 었습니다 지 않습니다 지 않았습니다	**おいし**	**いです** かったです ● **く ありません** く ありませんでした
な형용사	친절	합니다 했습니다 하지 않습니다 하지 않았습니다	**しんせつ**	**です** でした **じゃ ありません** じゃ ありませんでした

참깐

おいしいでした는 틀린 문법이에요. 쓰지 않아요!

문법 연습

1 다음 빈칸을 채우면서 과거형을 연습하세요.

❶ 비싸다   高い ^{たか}

비쌌다

비싸지 않다

비싸지 않았다

비쌉니다

비쌌습니다

비싸지 않습니다

비싸지 않았습니다

❷ 넓다   広い ^{ひろ}

넓었다

넓지 않다

넓지 않았다

넓습니다

넓었습니다

넓지 않습니다

넓지 않았습니다

❸ 간단하다   簡単だ ^{かんたん}

간단했다

간단하지 않다

간단하지 않았다

간단합니다

간단했습니다

간단하지 않습니다

간단하지 않았습니다

❹ 예쁘다, 깨끗하다   きれいだ

예뻤다

예쁘지 않다

예쁘지 않았다

예쁩니다

예뻤습니다

예쁘지 않습니다

예쁘지 않았습니다

말하기

1 다음 단어를 3번씩 발음해보세요. ○ □ □

> ホット　　　　　　アイス　　　　　デザート
>
> ドリップコーヒー　　エスプレッソ　　カフェオレ
>
> カフェラテ　　　　　カプチーノ　　　キャラメルマキアート

2 다음 패턴으로 말해보세요.

> A: ご注文は お決まりですか。
>
> B: はい、スパゲッティ 一つと コーラ 一つ ください。

❶ **とんかつ** 돈가스　　　　　　**ジュース** 주스

❷ **オムライス** 오므라이스　　　**コーラ** 콜라

❸ **ステーキ** 스테이크　　　　　**紅茶** 홍차

❹ **スープ** 스프　　　　　　　　**ウーロン茶** 우롱차

> A: チーズバーガー 二つ お願いします。
>
> B: はい、お持ち帰りですか。
>
> A: いいえ、ここで 食べます。

❺ **ビッグマック** 빅맥

❻ **てりやきバーガー** 데리야키 버거

❼ **モスバーガー** 모스버거

1 잘 듣고 빈칸에 알맞은 글자를 써넣으세요.

❶ コンビ☐

❷ ほん☐

❸ ☐ょういん

❹ ゆうびん☐ょく

2 잘 듣고 빈칸에 알맞은 단어를 써넣으세요.

길 물어보는 장면

A: すみません。図書館（としょかん）は ☐ ありますか。

B: この 道（みち）を ☐ 行（い）って ください。

택시에서

A: ☐ までですか。

B: 銀座（ぎんざ）デパート☐ お願（ねが）いします。

…

B: はい、☐ 止（と）めて ください。

に ほんりょこう　　 ほんとう　　 たの
日本旅行は　本当に　楽しかった。

일본 여행은 정말로 즐거웠다.

に ほんじん　　 しんせつ　　　　 た もの
日本人も　親切だったし、　食べ物も　おいしかったし、

わす　　　　　　　　 りょこう
忘れられない　旅行だった。

일본인도 친절했고 음식도 맛있었고 잊을 수 없는 여행이었다.

とんかつは　おいしかったけど、

ラーメンは　おいしく　なかった。

돈가스는 맛있었지만 라면은 맛있지 않았다.

いちばん　　 いんしょうてき
一番　印象的だったのは　カフェだった。

가장 인상적이었던 것은 카페였다.

　　　　　　　　　ば　　　　　　 しゃしん
インスタ映えスポットで　写真を　とったり

　　　　　　　　　　　　　　　の
いろんな　コーヒーを　飲んだり　して、

ほんとう　　 たの
本当に　楽しかった。

인스타 사진 명소에서 사진을 찍거나 여러 커피를 마시거나 해서 정말로 즐거웠다.

　　　　 い
また　行きたい。

또 가고 싶다.

단어

忘(わす)れる 잊다 ― 忘れられる 잊을 수 있다 ― 忘れられない 잊을 수 없다　旅行(りょこう) 여행　一番(いちばん) 가장
印象的(いんしょうてき) 인상적　また 또　行(い)く 가다 ― 行きたい 가고 싶다

1 다음 문장을 따라 써보세요.

日本旅行は 本当に 楽しかった。

✎ ....

日本人も 親切だったし、食べ物も おいしかったし、忘れられない 旅行だった。

✎ ....

とんかつは おいしかったけど、ラーメンは おいしく なかった。

✎ ....

一番 印象的だったのは カフェだった。

✎ ....

インスタ映えスポットで 写真を とったり いろんな コーヒーを 飲んだり して、
本当に 楽しかった。

✎ ....

2 다음 문장을 일본어로 써보세요.

콜라 부탁합니다.

✎ ....

가지고 가십니까?

✎ ....

여기에서 먹겠습니다.

✎ ....

정말로 즐거웠습니다.

✎ ....

일본 인기 카페 베스트 5

일본의 예쁜 카페에서 SNS에 올릴 사진도 찍고 다양한 음료도 마시는, 여유 있는 여행을 꿈꿔보지 않나요?
여행 중 예쁜 카페에서 커피 한 모금으로 느끼는 잠깐의 휴식은 정말 잊을 수 없겠죠.
일본에서 인기 있는 카페 체인점 5개를 정리해보았습니다. 어디를 가야 될지 모르겠다면 아래에서 골라보세요.

1위	고메다 커피	コメダ珈琲店	코메다 코-히-뗑
2위	스타벅스	スターバックス コーヒー	스따-박꾸스 코-히-
3위	도토루 커피	ドトールコーヒーショップ	도또-루 코-히- 숍뿌
4위	호시노 커피	星乃珈琲店	호시노 코-히-뗑
5위	찻집 루노아루	喫茶室ルノアール	킷사시쯔 루노아-루

자료출처 : https://ranking.goo.ne.jp/column/6534/

카페에 가서 딱 3가지만 기억하면 무사히 주문할 수 있습니다!

❶ 뜨거운 것인지 차가운 것인지

ホット(hot)　アイス(ice)

ホットで　お願（ねが）いします。　뜨거운 음료로 부탁드립니다.

❷ 음료 사이즈는

Sサイズ / Mサイズ / Lサイズ　S사이즈 / M사이즈 / L사이즈

ショート / トール / グランデ　Short / Tall / Grande

トールで　お願（ねが）いします。　톨(Tall)로 부탁드립니다.

❸ 테이크아웃인지 아닌지

ここで　飲（の）みます。　여기에서 마실게요.

持（も）ち帰（かえ）りです。　테이크아웃이에요(가지고 갑니다).

● 「テイクアウト」라는 단어가 있지만 주로 도시락 포장 등에 사용해요.

トールサイズの　ホット　カプチーノ　ください。

톨 사이즈 따뜻한 카푸치노 주세요.

일본 여행을 하게 되면 정말로 많이 듣게 될 일본어입니다.
짧은 인사말 세트로 기억하면 좋습니다.

どうぞ。 / どうも。

먼저 하세요. / 감사해요.

「どうぞ」는 제발, 꼭, 모쪼록, 반드시 등의 뜻으로 사전에 실려 있어요. 실생활에서는 권유, 승낙, 허가를 나타내는 공손한 말씨입니다. 주로 상대를 배려하고 무언가를 양보할 때 사용하는 표현입니다. 다양한 경우에 쓰이는 착하고 예쁜 말이에요.

식사하기 전에 상대방에게 '드세요'

술을 권하면서 '한 잔 하세요'

차 문을 열어주면서 '타세요'

길을 양보하면서 '먼저 가세요'

자리를 양보하면서 '앉으세요'

선물을 건네면서 '받으세요'

이 말을 들은 우리는 어떻게 답변해야 할까요? 그때는 「どうも」라고 하면 됩니다.
「どうも」는 정말, 참으로, 매우 등의 뜻으로 사전에 실려 있는데요, '매우 감사합니다', '매우 미안합니다'의 축약으로 이해하시면 됩니다.

どうも ありがとうございます。
매우 감사합니다.

どうも すみません。
매우 미안합니다.

감사할 때, 사과할 때 모두 사용할 수 있으니 정말 만능 중에 만능이라 할 수 있습니다.
どうぞ와 どうも 꼭 세트로 외워주세요^^

11

자기 계발을 하고 있습니다.

<ruby>自<rt>じ</rt>己<rt>こ</rt>啓<rt>けい</rt>発<rt>はつ</rt></ruby>を して います。

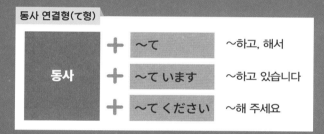

동사 연결형(て형)

동사	+	～て	～하고, 해서
	+	～て います	～하고 있습니다
	+	～て ください	～해 주세요

🥕 토닥토닥 응원 메시지

우리가 성장하는 데 가장 걸림돌이 되는 것은 무엇이라
고 생각하시나요?

그건 바로 '더러운 비교'입니다. 네~ 맞아요! 더러워요.
"남들은 3개월 만에 일본어 회화가 술술~ 되고, 학원
도 안 다니고 독학으로 마스터한다던데 난 왜 이렇게
안 되는 걸까?" 세상엔 특이한 성공담만 더 오래 남는
법이에요. 그것만 정답처럼 생각하고 자신을 과소평가
하거나 혹사시키지 마세요.

11과까지 묵묵히 버틴 것만으로도 충분히 잘하고 있고 멋
져요. 묵묵히 자신의 길을 걷는 스스로를 칭찬해주세요.

1 다음 단어의 한국어 뜻을 써넣으세요.

ホット		アイス	
デザート		ドリップコーヒー	
エスプレッソ		カフェオレ	
カフェラテ		カプチーノ	
キャラメルマキアート			

2 다음 빈칸에 알맞은 말을 써넣으세요.

い형용사	맛있다	おいしい	맛있습니다
	맛있었다	おいしかった	맛있었습니다
	맛있지 않다		맛있지 않습니다
	맛있지 않았다		맛있지 않았습니다

な형용사	친절하다	親切だ しんせつ	친절합니다
	친절했다	しんせつだった	친절했습니다
	친절하지 않다		친절하지 않습니다
	친절하지 않았다		친절하지 않았습니다

3 다음 문장의 빈칸을 완성하세요.

① 도서관은 어디에 있습니까?

図書館は _____ に ありますか。
と しょかん

② 가지고 가십니까? 아니요, 여기에서 먹겠습니다.

お持ち帰りですか。 いいえ、 _____ 。
も かえ

회사, 일

かいしゃ
会社 회사

かいしゃいん
会社員 회사원

しゅっきん
出勤 출근

たいきん
退勤 퇴근

しゅっちょう
出張 출장

プロジェクト 프로젝트

メール 메일

パソコン PC, 퍼스널 컴퓨터의 준말

コピー 복사(copy)

ビジネスマナー 비즈니스 매너

でん わ
電話 전화

かい ぎ
会議 회의

しゃちょう
社長 사장

どうりょう
同僚 동료

じょう し
上司 상사

ぶ か
部下 부하

めい し
名刺 명함

자기 계발

ざい
財テク 재테크

ファンド 펀드

かぶ
株 주식

ふ どうさん
不動産 부동산

じ こ けいはつ
自己啓発 = スキルアップ 자기 계발(스킬 업)

잠깐
ざい   ざいむ
財テク : 財務テクノロジー(재무 테크놀로지)의 약자예요.
ファンド(환도) : 영어 Fund(펀드)의 일본식 발음입니다.

③ 단어 연습

1 제시된 단어를 그림 퍼즐에서 찾아서 동그라미 하세요.

か	い	しゃ	ちょ	う	あ	で
い	い	う	え	お	か	ん
ぎ	く	メ	ー	ル	き	わ
け	コ	ピ	ー	め	い	し
ど	う	りょ	う	こ	さ	し
た	ち	つ	て	と	ぶ	か
ビ	ジ	ネ	ス	マ	ナ	ー

かいしゃ 회사   メール 메일   コピー 복사(copy)

ビジネスマナー 비즈니스 매너   でんわ 전화   かいぎ 회의

どうりょう 동료   ぶか 부하   めいし 명함   しゃちょう 사장

2 다음 단어를 올바르게 연결하세요.

재테크 ●   ● 財テク
　　　　　　　　　　　ざい

부동산 ●   ● 自己啓発
　　　　　　　　　　　じ こ けいはつ

주식 ●   ● 不動産
　　　　　　　　　　　ふ どうさん

자기 계발 ●   ● 株
　　　　　　　　　　　かぶ

メールで お願い^{ねが}します。　메일로 부탁드립니다.

コピーして ください。　복사해 주세요.

電話^{でん わ}で お願い^{ねが}します。　전화로 부탁드립니다.

ファックスで お願い^{ねが}します。　팩스로 부탁드립니다.

부탁이나 당부를 할 때 「~て ください」(~해주세요), 「~で お願いします」(~로 부탁드립니다)는 정말 유용한 표현입니다.
「~で お願いします」에서 で는 '~으로(수단)'라는 조사로 쓰였습니다.
「~て ください」에서 활용된 동사의 て형은 문법 파트에서 자세히 다루겠습니다.

自己啓発^{じ こ けいはつ}を して います。　자기 계발을 하고 있습니다.

勉強^{べんきょう}を して います。　공부를 하고 있습니다.

読書^{どくしょ}を して います。　독서를 하고 있습니다.

運動^{うんどう}を して います。　운동을 하고 있습니다.

する 하다 - して 하고, 해서 - して いる 하고 있다 - して います 하고 있습니다

위와 같이 활용되었습니다. 문법 파트에서 동사의 て형을 배우고 나면 더 쉽게 이해될 거예요. 워낙 많이 쓰이는 표현이니까 지금은 「して いる」(하고 있다)를 통으로 외워보세요.

1 다음 문장을 바르게 연결하세요.

메일로 부탁드립니다. ●　　　　　● コピーして　ください。

전화로 부탁드립니다. ●　　　　　● 電話<ruby>電話<rt>でん わ</rt></ruby>で　お願<ruby>願<rt>ねが</rt></ruby>いします。

팩스로 부탁드립니다. ●　　　　　● メールで　お願<ruby>願<rt>ねが</rt></ruby>いします。

복사해주세요. ●　　　　　● ファックスで　お願<ruby>願<rt>ねが</rt></ruby>いします。

2 다음 문장을 바르게 연결하세요.

자기 계발을 하고 있습니다. ●　　　　　● 勉強<ruby>勉強<rt>べんきょう</rt></ruby>を　して　います。

공부를 하고 있습니다. ●　　　　　● 読書<ruby>読書<rt>どくしょ</rt></ruby>を　して　います。

독서를 하고 있습니다. ●　　　　　● 運動<ruby>運動<rt>うんどう</rt></ruby>を　して　います。

운동을 하고 있습니다. ●　　　　　● 自己啓発<ruby>自己啓発<rt>じ こ けいはつ</rt></ruby>を　して　います。

다나카 　イさん、　ここで　何^{なに}を　して　いますか。

이민호 　日本語^{にほんご}の　勉強^{べんきょう}を　して　います。

다나카 　イさんは　日本語^{にほんご}を　習^{なら}って　いるんですか。

이민호 　はい。　来年^{らいねん}の　九月^{くがつ}に　日本^{にほん}へ　行^いく　予定^{よてい}です。

다나카 　留学^{りゅうがく}ですか。

이민호 　はい、　そうです。
　　　　毎日^{まいにち}　単語^{たんご}を　覚^{おぼ}えて　います。
　　　　やっぱり　日本語^{にほんご}は　文法^{ぶんぽう}が　難^{むずか}しいですね。

다나카 　難^{むずか}しい　文法^{ぶんぽう}は　私^{わたし}に　聞^きいて　ください。
　　　　教^{おし}えて　あげますから。

다나카 이 씨, 여기에서 무엇을 하고 있습니까?

이민호 일본어 공부를 하고 있습니다.

다나카 이 씨는 일본어를 배우고 있는 거예요?

이민호 네. 내년 9월에 일본에 갈 예정입니다.

다나카 유학입니까?

이민호 네, 그렇습니다.
매일 단어를 외우고 있습니다.
역시 일본어는 문법이 어렵군요.

다나카 어려운 문법은 나에게 물어주세요.
가르쳐줄 테니깐.

다나카	イさん、ここで なにを して いますか。	ここ 여기 何(なに) 무엇 して いますか 하고 있습니까?

| 이민호 | にほんごの べんきょうを して います。 | 日本語(にほんご) 일본어 勉強(べんきょう) 공부 |

| 다나카 | イさんは にほんごを ならって いるんですか。 | 「~んです」는 「~のです」의 회화체 강조 표현이에요. 12과에서 자세히 배울게요. 「~か」는 의문을 나타내는 종조사인 것 아시죠?
 習(なら)う 배우다 - 習って いる 배우고 있다
 ~んですか＝~のですか ~것입니까?, ~인 거예요? |

| 이민호 | はい。らいねんの くがつに にほんへ いく よていです。 | 「~へ 行く」, 「~に 行く」 모두 쓸 수 있어요. へ를 쓰면 그 장소로 간다는 '방향'을 강조하고, に를 쓰면 그 장소로 가는 '목적'을 강조하는 뉘앙스가 있습니다.
 来年(らいねん) 내년 九月(くがつ) 9월 시간, 날짜+に ~에 ~へ 行(い)く ~에 가다 予定(よてい) 예정 |

| 다나카 | りゅうがくですか。 | 留学(りゅうがく) 유학 |

| 이민호 | はい、そうです。
 まいにち たんごを おぼえて います。
 やっぱり にほんごは ぶんぽうが むずかしいですね。 | 「やはり」를 힘주어 말하면 「やっぱり」가 돼요. '역시'로 뜻은 같아요.
 毎日(まいにち) 매일 単語(たんご) 단어 覚(おぼ)える 기억하다, 암기하다 やっぱり 역시 文法(ぶんぽう) 문법 難(むずか)しい 어렵다 |

| 다나카 | むずかしい ぶんぽうは わたしに きいて ください。
 おしえて あげますから。 | 私(わたし) 나 대상(사람)+に ~에게 聞(き)く 듣다, 묻다 ~て ください ~해주세요 教(おし)える 가르치다 ~て あげる ~해주다 동사+から ~하기 때문에, ~하니깐 |

동사 연결형(て형) ～하고, ～해서

1그룹	う、つ、る → って ぬ、ぶ、む → んで く → いて ぐ → いで す → して	あう (만나다) あそぶ (놀다) かく (쓰다) およぐ (수영하다) はなす (이야기하다)	→ → → → →	あって あそんで かいて およいで はなして
2그룹	る → て	たべる (먹다)	→	たべて
3그룹	2개뿐이니까 암기하세요!	くる (오다) する (하다)	→ →	きて して

て형을 활용한 표현

기본형	て형 ～하고, 해서	て ください ～해 주세요	て いる ～하고 있다	て います ～하고 있습니다
待つ 기다리다	まって	まって ください	まって いる	まって います

朝 起きて 顔を 洗います。　　　아침 일어나서 얼굴을 씻습니다.

ちょっと 待って ください。　　　잠시 기다려주세요.

日本語の 勉強を して いる。　　　일본어 공부를 하고 있다.

日本語の 勉強を して います。　　　일본어 공부를 하고 있습니다.

단어

朝(あさ) 아침　起(お)きる 일어나다　顔(かお)を 洗(あら)う 얼굴을 씻다(세수하다)　ちょっと 잠시　待(ま)つ 기다리다　日本語(にほんご) 일본어　勉強(べんきょう) 공부　～を ～을/를　する 하다

문법 연습

1 동사 연결형(て형) 활용을 연습하세요.

의미	동사	て형	의미	동사	て형
사다	買う		쓰다	書く	
만나다	会う		가다	●行く	
기다리다	待つ		수영하다	泳ぐ	
되다	なる		이야기하다	話す	
(사진을) 찍다	とる		먹다	食べる	
만들다	作る		나가다	出る	
돌아가다(오다)	●帰る		일어나다	起きる	
죽다	死ぬ		외우다	覚える	
놀다	遊ぶ		자다	寝る	
부르다	呼ぶ		보다	見る	
읽다	読む		하다	する	
쉬다	休む		오다	来る	

잠깐
「帰る」는 예외 I 그룹 동사입니다. かえて (×) かえって (○)
「行く」는 원칙상 行いて가 되어야 하지만 예외입니다! 行って로 외워주세요!

기본형	て형	～て ください	～て いる	～て います
待つ 기다리다	まって	まって ください	まって いる	まって います
食べる 먹다				
する 하다				
読む 읽다				
聞く 듣다, 묻다				

1 다음 단어를 3번씩 발음해보세요. ○ □ □

> プロジェクト　　メール　　パソコン
>
> コピー　　ビジネスマナー

2 다음 패턴으로 말해보세요.

> ご飯を　食べて　います。

❶ 勉強する

❷ 家で　寝る

❸ コーヒーを　飲む

❹ 顔を　洗う

3 다음 패턴으로 말해보세요.

> ここで　待って　ください。

❶ ここに　来る

❷ ご飯を　食べる

❸ 日本語の　勉強を　する

❹ 本を　読む

1 들리는 단어를 보기에서 골라 동그라미 하세요.

しゅっきん 出勤	たいきん 退勤	しゅっちょう 出張
メール	パソコン	コピー
でん わ 電話	かい ぎ 会議	しゃちょう 社長
ざい 財テク	かぶ 株	ふ どうさん 不動産

2 잘 듣고 빈칸에 알맞은 단어를 써넣으세요.

❶ メー［　　］で お願いします。

❷ でん［　　］で お願いします。

❸ ファッ［　　］スで お願いします。

❹ ［　　］ピーして ください。

3 잘 듣고 빈칸에 알맞은 단어를 써넣으세요.

❶ ［　　　　　］を して います。

❷ ［　　　　　］を して います。

❸ ［　　　　　］を して います。

❹ ［　　　　　］を して います。

らいねん　く がつ　　　に ほん　　　りゅうがく　い　　　 よ てい
来年 九月に 日本へ 留学に 行く 予定だ。

내년 9월에 일본에 유학하러 갈 예정이다.

まいにち　に ほん ご　　　べんきょう
毎日 日本語の 勉強を して いる。

매일 일본어 공부를 하고 있다.

たん ご　　　おぼ　　　ぶんぽう　　　　　　　　　　　　　べんきょう
単語も 覚えて 文法も いっしょうけんめい 勉強して いる。

단어도 외우고 문법도 열심히 공부하고 있다.

ぶんぽう　 むずか
やっぱり 文法は 難しい。

역시 문법은 어렵다.

た なか　　　き　　　　　　　　　　　 おし　　　　　　　　　　　 あんしん
でも 田中さんに 聞けば やさしく 教えて くれるから 安心だ。

하지만 다나카 씨에게 물어보면 상냥하게 가르쳐주기 때문에 안심이다.

あした　　　に ほん ご　　　べんきょう
明日も 日本語の 勉強 がんばろう。

내일도 일본어 공부 열심히 해야지.

> 잠깐
> 일본어로 '주다'는 누가 주느냐에 따라 단어가 달라요.
> 「あげる」는 내가 제3자에게 줄 때
> 「くれる」는 제3자가 나에게 줄 때

단어

来年(らいねん) 내년　九月(くがつ) 9월　留学(りゅうがく)に 行(い)く 유학하러 가다　予定(よてい) 예정　毎日(まいにち)
매일　単語(たんご) 단어　覚(おぼ)える 기억하다, 외우다　文法(ぶんぽう) 문법　〜も 〜도　一生懸命(いっしょうけんめい)
열심히　やっぱり 역시　難(むずか)しい 어렵다　でも 하지만　聞(き)く 듣다, 묻다 ― 聞けば 물으면, 물어보면　やさしく 상냥하게
教(おし)える 가르치다 ― 教えて くれる 가르쳐주다　동사+から 〜하기 때문에　安心(あんしん)だ 안심이다　明日(あした)
내일　がんばる 열심히 하다, 분발하다 ― がんばろう 열심히 해야지

1 다음 문장을 따라 써보세요.

来年 九月に 日本へ 留学に 行く 予定だ。

✎ ....

毎日 日本語の 勉強を して いる。

✎ ....

単語も 覚えて 文法も いっしょうけんめい 勉強して いる。

✎ ....

やっぱり 文法は 難しい。

✎ ....

でも 田中さんに 聞けば やさしく 教えて くれるから 安心だ。

✎ ....

明日も 日本語の 勉強 がんばろう。

✎ ....

2 다음 문장을 일본어로 써보세요.

여기에서 무엇을 하고 있습니까?

✎ ....

일본어 공부를 하고 있습니다.

✎ ....

잠시 기다려주세요.

✎ ....

일본인의 자기 계발

feat. 인기 자격증

일본인도 우리처럼 20~30대의 자기 계발 비율이 높은데요. 직무 능력 향상을 위한 공부, 세미나, 강의 듣기, 독서, 전문 지식이나 전공 관련 공부, 어학 또는 자격증 공부, 재테크 공부, 운동, 명상, 유학, 다양한 취미활동 등이 그 방법으로 꼽혔습니다. 평생 숙제처럼 자기 계발로 꾸준히 노력하며 하루하루를 살아가는 우리. 일본의 20~30대가 관심있어 하는 자격증에는 어떤 것이 있는지 알아보았습니다.

1위	부기검정	簿記検定 (ぼきけんてい)	*부기: 자산·자본·부채의 출납, 변동 등을 밝히는 기장법
2위	공인중개사	宅建士(宅地建物取引士) (たくけんし たくちたてものとりひきし)	
3위	중소기업진단사	中小企業診断士 (ちゅうしょうきぎょうしんだんし)	
4위	사회보험노무사	社会保険労務士 (しゃかいほけんろうむし)	
5위	세무사	税理士 (ぜいりし)	
6위	자산관리사(Financial Planner)	FP(ファイナンシャルプランナー)	
7위	공인회계사	公認会計士 (こうにんかいけいし)	
8위	정보처리, PC	情報処理・パソコン (じょうほうしょり)	
9위	행정사서	行政書士 (ぎょうせいしょし)	
10위	사법사서	司法書士 (しほうしょし)	

'부기검정'은 회계 직무에 종사하고자 하는 지원자에게 필수입니다. '중소기업진단사'는 1, 2차로 나뉘는데 최종 합격률이 4%라서 1차만 합격해도 일반기업에 내정될 정도라고 해요. 취득 후 컨설턴트 회사나 중견기업에 종사하는 경우가 많습니다. '자산관리사(파이낸셜 플래너)'는 주로 금융업계에서 중요시되며, 한국의 재무관리사 자격증과 유사해요. 금융, 보험, 부동산 컨설팅 등의 업무에 종사할 수 있습니다.

취업 고민이 많은 20~30대라 그런지, 1위부터 10위까지는 취업에 도움이 되는 자격증이기도 하네요.
하루하루 치열하게 살고 있는 20~30대 모든 젊은이들이 힘을 내어 더 멋진 사람이 되길 바랍니다.

자료출처 : https://www.tac-school.co.jp/pittari/ranking.html

어떤 일본어 한마디로 고급지게 성장할 수 있을까요?
대화를 잘하기 위해선 부탁도 잘해야 합니다.

よろしく。

잘 부탁해요.

일본어로 "부디 잘 부탁드립니다."라는 인사말이 있어요.

どうぞ よろしく おねがいします。
부디 잘 부탁드립니다.

아직 왕초보인 우리가 다 외우고 말하기에는 너무나 길고 어려운 문장입니다.
どうぞ에서 뒷말이 기억나지 않아 부끄러웠던 적,
おねがい까지 말하고는 '뭐였더라' 망설였던 적,
'오레아네마스'라고 말이 뒤섞여 이상하게 말한 적은 없나요?

길게 말한다고 일본어를 잘하는 것이 아닙니다.
짧지만 굵고 강한 한마디여도 정확히 쓰는 게 중요하지요.

"근데 반말 아닌가요?"라고 질문하고 싶으셨죠?
절대 반말이 아닙니다.
"부디 잘 부탁드립니다."를 축약한 형태라고 생각하시면 됩니다.
충분히 공손한 말이니 걱정 말고 써주세요.

よろしく。 잘 부탁드립니다.
先生、よろしく。 선생님, 잘 부탁드립니다.
社長、よろしく。 사장님, 잘 부탁드립니다.
田中さん、よろしく。 다나카 씨, 잘 부탁드립니다.

12

주말에 데이트했어요.

しゅうまつ
週末 デートしたんです。

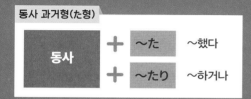

동사 과거형(た형)

동사	+	～た	～했다
	+	～たり	～하거나

토닥토닥 응원 메시지

여러분 그동안 애쓰셨습니다^^ 사실상 진도를 나가는 것은 12과가 마지막이에요.

13, 14과는 우리가 배운 내용을 토대로 한 것이니 어렵지 않을 거예요.

외국어를 가장 잘하는 비결은 '포기하지 않는 것'입니다. 포기하지 않으면 뭐라도 되어 있습니다.

우리가 한국어를 이만큼 잘하게 된 것도 결국은 자주 접하고 포기하지 않은 그 결과가 아닐까요?

일본어 공부를 하다 보면 포기하고 싶은 순간이 문득문득 찾아옵니다. 하지만 그 순간마다 버티고, 포기하지 않으면 결국은 일본어 왕초보 탈출에 성공할 겁니다.

1 다음 단어의 한국어 뜻을 써넣으세요.

メール		パソコン		コピー	
電話 でん わ		会議 かい ぎ		財テク ざい	

2 다음 빈칸에 알맞은 말을 써넣으세요.

동사의 연결형(て형)

1그룹	う、つ、る → って	あう (만나다)	→	
	ぬ、ぶ、む → んで	あそぶ (놀다)	→	
	く → いて	かく (쓰다)	→	
	ぐ → いで	およぐ (수영하다)	→	
	す → して	はなす (이야기하다)	→	
2그룹	る → て	たべる (먹다)	→	
3그룹	암기!!!!	くる (오다)	→	
		する (하다)	→	

기본형	て형	て ください	て いる	て います
待つ 기다리다 ま				
食べる 먹다 た				
する 하다				

3 다음 빈칸을 완성하세요.

❶ 일본어 공부를 하고 있습니다.　　日本語の 勉強を ＿＿＿＿＿＿＿＿＿。
　　　　　　　　　　　　　　　　に ほん ご　　べんきょう

❷ 메일로 부탁드립니다.　　　　　　メールで ＿＿＿＿＿＿＿＿＿。

❸ 복사해주세요.　　　　　　　　　　コピー して ＿＿＿＿＿＿＿＿＿。

단어

주말에 뭐해?

外食 외식   そうじ 청소   デート 데이트

インターネット 인터넷   ゲーム 게임   チャット 채팅

ピクニック 피크닉   **遊園地** 유원지, 놀이공원   **公園** 공원

취미 趣味

読書 독서   **料理** 요리   **山登り** 등산

旅行 여행   **映画かんしょう** 영화감상   ショッピング 쇼핑

잠깐 かんしょう도 한자로 쓰지만 아직 어려워서 여기에 쓰진 않았어요.

스포츠 スポーツ

ゴルフ 골프   マラソン 마라톤   バドミントン 배드민턴

スキー 스키   **水泳** 수영   **野球** 야구

ヨガ 요가   バスケットボール 농구   サッカー 축구

テニス 테니스

단어 연습

1 공통으로 들어가는 글자를 써넣으세요.

❶ デー☐

チャッ☐

バドミン☐ン

インターネッ☐

❷ ☐ポーツ

テニ☐

☐キー

バ☐ケットボール

❸ そ☐じ

こ☐えん

りょ☐り

ゆ☐えんち

❹ デ☐ト

インタ☐ネット

ゲ☐ム

スキ☐

デートした。 데이트했다.

デートしたんです。 데이트했어요.

テレビを 見ました。 TV를 보았습니다.

「~んです」는 「~のです」의 회화체 강조 표현이에요. '~것입니다', '~인 거예요', '~예요' 등으로 해석하면 됩니다.
「~ます」(합니다)를 「~ました」(했습니다)로 바꾸면 정중체 동사의 과거형이 됩니다.

A: 趣味は 何ですか。 취미는 무엇입니까?

B: 音楽かんしょうです。 음악 감상입니다.

料理です。 요리입니다.

A: どんな スポーツが 好きですか。

어떤 스포츠를 좋아합니까?

B: ヨガが 好きです。 요가를 좋아합니다.

「~が 好きです」는 '~을 좋아합니다'라고 해석합니다. 「~を 好きです」라고 쓰면 틀려요!

1 단어를 이용하여 예와 같이 문장을 만드세요.

예 **音楽かんしょう** 음악감상

A: **趣味は 何ですか。** 취미는 무엇입니까?

B: **音楽かんしょうです。** 음악 감상입니다.

① **読書** 독서

A: _____ 。

B: _____ 。

② **料理** 요리

A: _____ 。

B: _____ 。

③ **旅行** 여행

A: _____ 。

B: _____ 。

④ **ショッピング** 쇼핑

A: _____ 。

B: _____ 。

예 **ヨガ** 요가

A: **どんな スポーツが 好きですか。** 어떤 스포츠를 좋아합니까?

B: **ヨガが 好きです。** 요가를 좋아합니다.

⑤ **ゴルフ** 골프

A: _____ 。

B: _____ 。

⑥ **水泳** 수영

A: _____ 。

B: _____ 。

⑦ **野球** 야구

A: _____ 。

B: _____ 。

⑧ **サッカー** 축구

A: _____ 。

B: _____ 。

다나카 イさん 疲れて いますね。

이민호 はい、 週末 忙しくて 休めなかったんです。

다나카 え、 仕事しましたか。

이민호 いいえ、 彼女と デートしました。
動物園へ 行ったり 遊園地へ 行ったり して
少しも 休む ひまが なかったんです。

다나카 イさんの 彼女 元気ですね。
図書館とか 本屋で デートした ことは ありませんか。

이민호 そうですね。 僕は しずかな 所で デートしたいんですが、
彼女は あまり 好きじゃ ありません。

다나카 이 씨 지쳐 있군요.

이민호 네, 주말 바빠서 쉴 수 없었어요.

다나카 네? 일했습니까?

이민호 아니요, 여자친구와 데이트했습니다.
동물원에 가거나 놀이공원에 가거나 해서 조금
도 쉴 틈이 없었어요.

다나카 이 씨의 여자친구 활기차군요. 도서관이라든지
서점에서 데이트한 적은 없습니까?

이민호 글쎄요. 나는 조용한 곳에서 데이트하고 싶습
니다만 여자친구는 그다지 좋아하지 않습니다.

다나카　**イさん つかれて いますね。**

疲(つか)れる 지치다 - 疲れて いる 지쳐 있다

이민호　**はい、しゅうまつ いそがしくて やすめなかったんです。**

「~んです」는 「~のです」의 회화체 강조 표현으로, '~것입니다', '~인 거예요', '~예요' 등으로 해석합니다.

週末(しゅうまつ) 주말 忙(いそが)しい 바쁘다 い형용사+くて ~이고, 여서 休(やす)む 쉬다 - 休める 쉴 수 있다 - 休めない 쉴 수 없다 - 休めなかった 쉴 수 없었다

다나카　**え、しごとしましたか。**

仕事(しごと) 일, 업무

이민호　**いいえ、かのじょと デートしました。**

どうぶつえんへ いったり ゆうえんちへ いったり して すこしも やすむ ひまが なかったんです。

정중체 동사의 과거형은 「~ます」 대신에 「~ました」를 쓰면 됩니다.
する 하다 - します 합니다 - しました 했습니다
食べる 먹다 - 食べます 먹습니다 - 食べました 먹었습니다

彼女(かのじょ) 그녀, 여자친구 ~と ~와 動物園(どうぶつえん) 동물원 遊園地(ゆうえんち) 유원지, 놀이공원 ~へ 行(い)く 에 가다 ~たり~たり ~하거나 ~하거나 して 하고, 해서 少(すこ)しも 조금도 ひまが ない 틈이 없다 なかった 없었다

다나카　**イさんの かのじょ げんきですね。**

としょかんとか ほんやで デートした ことは ありませんか。

반말체 동사의 과거형(た형)은 문법 파트에서 배울 예정이에요.

元気(げんき)だ 건강하다, 활기차다 図書館(としょかん) 도서관 本屋(ほんや) 서점 ~とか ~라든가, 라든지 장소+で ~에서 ~た ことは ありませんか ~한 적은 없습니까?

이민호　**そうですね。**

ぼくは しずかな ところで デートしたいんですが、かのじょは あまり すきじゃ ありません。

僕(ぼく) 나(남성어, 친숙한 표현) しずかだ 조용하다 - しずかな 조용한 所(ところ) 곳, 장소 する 하다 - したい 하고 싶다 ~んですが ~입니다만 あまり 그다지, 별로 好(す)きだ 좋아하다 - 好きじゃ ありません 좋아하지 않습니다

동사 반말체 과거형(た형)

아주 쉽습니다. 동사의 て형(~하고/~해서)을 た로만 바꾸면 과거형이 돼요! て는 た로, で는 だ로 바꿉니다.

1그룹	う、つ、る → っそ	った	あう (만나다)	→	あった
	ぬ、ぶ、む → んで	んだ	あそぶ (놀다)	→	あそんだ
	く → いそ	いた	かく (쓰다)	→	かいた
	ぐ → いで	いだ	およぐ (수영하다)	→	およいだ
	す → して	した	はなす (이야기하다)	→	はなした
2그룹	る → そ	た	たべる (먹다)	→	たべた
3그룹	딱 2개니까 암기!		くる (오다)	→	きた
			する (하다)	→	した

기본형	て형(~하고/~해서)	た형(~했다)	たり형(~하거나)
食べる 먹다	たべて	たべた	たべたり
洗う 씻다	あらって	あらった	あらったり
集まる 모이다	あつまって	あつまった	あつまったり
読む 읽다	よんで	よんだ	よんだり
聞く 듣다, 묻다	きいて	きいた	きいたり
急ぐ 서두르다	いそいで	いそいだ	いそいだり
行く 가다	いって	いった	いったり

A: 週末 何 した?　　　주말 뭐 했어?

B: テレビを 見た。　　　TV를 봤어.

　　音楽を 聞いた。　　　음악을 들었어.

　　テレビを 見たり 音楽を 聞いたり した。　　　TV를 보거나 음악을 듣거나 했어.

09 문법 연습

잠깐

「帰^{かえ}る」는 예외 I 그룹 동사입니다. かえた (×) かえった (○)
「行^いく」는 원칙상 行いた가 되어야 하지만 예외로 行った입니다.
여기 동사를 다 외울 필요 없어요!
과거형(た형)으로 바꾸는 연습을 위한 거예요.

1 동사 과거형(た형) 활용을 연습하세요.

의미	동사	た형	의미	동사	た형
사다	買う		쓰다	書く	
만나다	会う		가다	●行く	
(담배를) 피우다	吸う		일하다	働く	
씻다	洗う		듣다, 묻다	聞く	
기다리다	待つ		수영하다	泳ぐ	
되다	なる		이야기하다	話す	
(사진을) 찍다	とる		먹다	食べる	
만들다	作る		나가다	出る	
돌아가다(오다)	●帰る		일어나다	起きる	
타다	乗る		(전화를) 걸다	かける	
죽다	死ぬ		외우다	覚える	
놀다	遊ぶ		자다	寝る	
부르다	呼ぶ		보다	見る	
마시다	飲む		가르치다	教える	
읽다	読む		하다	する	
쉬다	休む		오다	来る	

2 다음 예와 같이 과거형(た형)으로 바꾸세요.

예   데이트했다.　　　　　デートした。(する)

❶   샌드위치를 먹었다.　　サンドイッチを ＿＿＿＿＿＿＿＿。(食^たべる)

❷   세수를 했다.　　　　　顔^{かお}を ＿＿＿＿＿＿＿＿。(洗^{あら}う)

❸   책을 읽었다.　　　　　本^{ほん}を ＿＿＿＿＿＿＿＿。(読^よむ)

❹   학교에 갔다.　　　　　学校^{がっこう}へ ＿＿＿＿＿＿＿＿。(行^いく)

MP3 12-04

1 다음 단어를 3번씩 발음해보세요. ○ ☐ ☐

> デート　　　　　　インターネット
>
> ゲーム　　　　　　チャット

2 다음 패턴으로 말해보세요.

> A: 趣味は 何ですか。　취미는 무엇입니까?
>
> B: 音楽かんしょうです。　음악 감상입니다.

❶ 読書

❷ 旅行

❸ ショッピング

❹ 山登り

> A: どんな スポーツが 好きですか。　어떤 스포츠를 좋아합니까?
>
> B: マラソンが 好きです。　마라톤을 좋아합니다.

❺ ヨガ

❻ ゴルフ

❼ サッカー

❽ スキー

 **듣기**

1 들리는 단어를 보기에서 골라 동그라미 하세요.

> ゴルフ　　　マラソン　　　バドミントン　　　スキー
>
> 水泳^{すいえい}　　野球^{やきゅう}　　　ヨガ　　　　　　バスケットボール
>
> サッカー　　テニス

※ 위 水泳, 野球의 후리가나는 각각 すいえい, や きゅう 입니다.

2 잘 듣고 빈칸에 알맞은 말을 써넣으세요.

예　食^たべる 먹다　　　たべた

❶ 洗^{あら}う 씻다　＿＿＿＿＿＿＿＿＿＿＿

❷ 集^{あつ}まる 모이다　＿＿＿＿＿＿＿＿＿＿＿

❸ 読^よむ 읽다　＿＿＿＿＿＿＿＿＿＿＿

❹ 聞^きく 듣다　＿＿＿＿＿＿＿＿＿＿＿

❺ 急^{いそ}ぐ 서두르다　＿＿＿＿＿＿＿＿＿＿＿

❻ 行^いく 가다　＿＿＿＿＿＿＿＿＿＿＿

3 잘 듣고 빈칸에 알맞은 말을 써넣으세요.

❶ デート ＿＿＿＿＿＿ んです。

❷ テレビを ＿＿＿＿＿＿ 。

❸ ＿＿＿＿＿＿ は　何^{なん}ですか。

❹ どんな　スポーツが ＿＿＿＿＿＿ か。

週末 ぜんぜん 休めなかった。
しゅうまつ　　　　　やす

주말 전혀 쉴 수 없었다.

とても 大変だった。
　　　　たいへん

매우 힘들었다.

彼女は 子供みたいだ。 元気すぎる。
かのじょ　こども　　　　　げんき

여자친구는 아이 같다. 너무 활기차다.

動物園へ 行ったり、 遊園地へ 行ったり して
どうぶつえん　い　　　　ゆうえんち　　い

少しも 休む ひまが なかった。
すこ　　やす

동물원에 가거나 놀이공원에 가거나 해서 조금도 쉴 틈이 없었다.

僕も たまには しずかな 図書館とか 本屋で デートしたい。
ぼく　　　　　　　　　　　としょかん　　ほんや

나도 가끔은 조용한 도서관이라든지 서점에서 데이트하고 싶다.

단어

ぜんぜん 전혀　休(やす)む 쉬다 ─ 休めなかった 쉴 수 없었다　とても 매우　大変(たいへん)だ 힘들다 ─ 大変だった 힘들었다
子供(こども) 아이　～みたいだ ~같다　元気(げんき)だ 건강하다　元気すぎる 너무 건강하다, 너무 활기차다　たまには 가끔은

1 다음 문장을 따라 써보세요.

週末 ぜんぜん 休めなかった。

✎ ....

とても 大変だった。

✎ ....

彼女は 子供みたいだ。元気すぎる。

✎ ....

動物園へ 行ったり、遊園地へ 行ったり して 少しも 休む ひまが なかった。

✎ ....

....

僕も たまには しずかな 図書館とか 本屋で デートしたい。

✎ ....

2 다음 문장을 일본어로 써보세요.

취미는 무엇입니까?

✎ ....

어떤 스포츠를 좋아합니까?

✎ ....

얼굴을 씻었다.

✎ ....

문화

일본 20대의 주말

여러분은 주말에 무엇을 하나요? 연인과 데이트를 하기도 하고 자기계발을 위해 뭔가를 배우기도 하는 등 많은 일을 하고 있겠죠. 격하게 아무것도 하고 싶지 않은 주말, 하루 종일 잠만 자는 주말을 보내는 것만큼 행복한 일도 없다는 분도 계실 겁니다.

평일에 회사에서 일하거나 학교에서 공부할 때는 주말만 되면 세상이 달라지고 좋은 일이 생길 것 같은 '주말 희망증'이 생기다가도, 막상 주말이 되면 아무것도 하지 않고 이도저도 아닌 시간을 보내곤 하죠. 일요일 오후가 되면 월요일 걱정에 벌써 우울해지기도 하고요.

그래도 주말이 있기에 평일도 더 의미 있고 행복한 것이겠죠~

일본 20대들은 어떤 주말을 보내고 있을까요?

1위	인터넷 열람(웹서핑)	インターネット閲覧
2위	쇼핑	ショッピング
3위	동영상 공유 사이트 시청	動画共有サイト視聴
4위	녹화방송 보기(드라마, 애니메이션 등)	録画番組の消化(ドラマ・アニメなど)
5위	수면(낮잠)	睡眠(昼寝)
6위	TV 시청	TV視聴
7위	외식, 맛집 가기	外食・グルメ
8위	방 정리, 청소	部屋の片付け・掃除
9위	게임	ゲーム
10위	만화 보기	マンガ

일본 20대도 우리와 별반 다르지 않은 주말을 보내고 있는 것 같네요.^^
평일에 고생한 분들, 주말에 푹 쉬세요!

ゆっくり 休んで ください。
푹 쉬세요.

자료출처 : http://www.smbc-cf.com/bincan-station/antenna/02.html

良い 週末を。
よ　しゅう まつ

즐거운 주말 되세요.

'즐거운 주말 되세요.'라고 고급진 인사로 헤어지고 싶지 않나요?
표현할 수 없어서 그냥 말없이 손을 흔들며 헤어진 적은 없나요?

よい しゅうまつを すごしなさい。
좋은　　　　주말을　　　　　보내세요.

원래는 이런 인사말이었는데, 뒤에 '보내세요'가 생략되었습니다.
절대 반말이 아니니 친구에게도 윗사람에게도 편하게 사용하실 수 있습니다.

같은 이치로 '즐거운 하루 되세요'도 아주 쉽습니다.

良い 一日を。
よ　いち にち

즐거운 하루 되세요.

よい いちにちを すごしなさい。
좋은　　　　하루를　　　　　보내세요.

마찬가지로 뒤의 '보내세요'가 생략된 인사말입니다.

이제부터 '좋은 하루 되세요.', '좋은 주말 되세요.'로 멋지게 인사하며 인사성 밝은 사람으로 거듭나세요.
더불어 여러분, '즐거운 일본어 되세요!'

한 번 더 정리
1~12과 복습

1과

명사의 반말체 긍정·부정

명사	+	だ ~다
	+	じゃ ない ~가 아니다

いしゃ	だ 의사다
	じゃ ない 의사가 아니다

いしゃ？　　　의사야?
이 샤

うん、いしゃだ。　　응, 의사야.
웅　　이 샤 다

ううん、いしゃじゃ ない。　아니. 의사가 아니야.
우 웅　　이 샤 쟈 나 이

핵심 문장

1 **あさの あいさつは おはよう。** 아침 인사는 오하요.
　아 사 노 아 이 사 쯔 와 오 하 요 -

2 **ひるの あいさつは こんにちは。** 낮 인사는 콘니찌와.
　히 루 노 아 이 사 쯔 와 콘 니 찌 와

3 **よるの あいさつは こんばんは。** 저녁 인사는 콤방와.
　요 루 노 아 이 사 쯔 와 콤 방 와

4 **どこの くにの ひと？** 어느 나라 사람?
　도 꼬 노 쿠 니 노 히 또

핵심 문법

い형용사의 반말체 긍정·부정

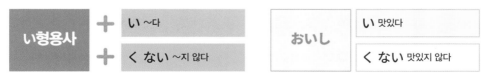

| い형용사 | + | い ~다 |
| | + | く ない ~지 않다 |

| おいし | い 맛있다 |
| | く ない 맛있지 않다 |

おいしい？ 맛있어?
오 이 시 -

うん、おいしい。 응, 맛있어.
웅   오 이 시 -

ううん、おいしく ない。 아니, 맛있지 않아.
우 웅   오 이 시 꾸 나 이

핵심 문장

1. **おもしろい まんが** 재미있는 만화
   오 모 시 로   망 가

2. **まんが が おもしろい。** 만화가 재미있다.
   망 가 가 오 모 시 로

3. **スホは かっこう いいし やさしいし おもしろい。**
   스 호 와   칵 꼬 - 이 이 시 야 사 시 - 시 오 모 시 로 이

   수호는 멋지고 상냥하고 재미있어.

4. **どんな いろが すき？** 어떤 색을 좋아해?
   돈 나 이 로   스 끼

핵심 문법

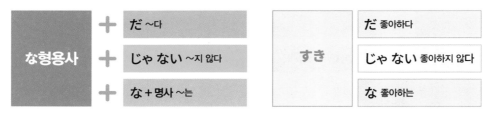

な형용사의 반말체 긍정·부정

な형용사	+	だ ~다
	+	じゃ ない ~지 않다
	+	な + 명사 ~는

すき	だ 좋아하다
	じゃ ない 좋아하지 않다
	な 좋아하는

すきだ。 좋아하다.
스 끼 다

すきじゃ ない。 좋아하지 않다.
스 끼 쟈 나 이

すきな くだもの 좋아하는 과일
스 끼 나 쿠 다 모 노

핵심 문장

① **げんき**だ。 건강하다.
겡 끼

② **げんき**じゃ ない。 건강하지 않다.
겡 끼 쟈 나 이

③ **くるまが** ある。 자동차가 있다.
쿠 루 마 가 아 루

④ **いぬが** いる。 개가 있다.
이 누 가 이 루

핵심 문법

동사의 반말체 긍정·부정

たべる 먹다　　　**たべない** 먹지 않다

동사의 분류

1그룹	2그룹	3그룹
2, 3그룹이 아닌 나머지 동사	i+る e+る	くる する (딱 2개)

동사의 부정형

1그룹	2그룹	3그룹
う단 → あ단 + ない	る → ない	くる → こない する → しない

핵심 문장

1. **えいが みる？** 영화 볼래?
   에 - 가　미 루

2. **うん、みる。** 응, 볼래.
   웅　　미 루

3. **ううん、みない。** 아니, 안 볼래.
   우 웅　　미 나 이

4. **なんじに あう？** 몇 시에 만나?
   난 지 니　아 우

핵심 문법

명사의 정중체 긍정·부정

명사	+	です ~입니다
	+	じゃ ありません ~이(가) 아닙니다

かぞく	です 가족입니다
	じゃ ありません 가족이 아닙니다

きょうだいですか。　형제입니까?

はい、 きょうだいです。　네. 형제입니다.

いいえ、 きょうだいじゃ ありません。　아니요. 형제가 아닙니다.

핵심 문장

1　**なんにん かぞくですか。**　몇 명 가족입니까?
　　난　닝　카조꾸데스까

2　**ちちと ははと いもうとが います。**
　　치찌또　하하또　이모ー또가　이마스

아버지와 어머니와 여동생이 있습니다.

3　**おねえさんは なんさいですか。**　언니(누나)는 몇 살입니까?
　　오네ー상와　난사이데스까

4　**こちらは ちちで こちらは ははです。**
　　코찌라와　치찌데　코찌라와　하하데스

이쪽은 아버지이고 이쪽은 어머니입니다.

핵심 문법

い형용사의 정중체 긍정·부정

い형용사	+	いです ~입니다		おいし		いです 맛있습니다
	+	く ありません ~지 않습니다				く ありません 맛있지 않습니다

おいしいですか？　맛있습니까?

はい、 おいしいです。　네, 맛있습니다.

いいえ、 おいしく ありません。 まずいです。　아니요, 맛있지 않습니다. 맛없습니다.

핵심 문장

① りんごは いくらですか。　사과는 얼마입니까?

② りんごは ひとつ 百円です。　사과는 1개 100엔입니다.

③ ちょっと 高いですね。　조금 비싸군요.

④ 高く ありません。　비싸지 않습니다.

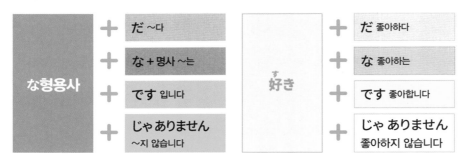

な형용사의 정중체 긍정·부정

な 형용사 +		好き +	
だ ~다		だ 좋아하다	
な + 명사 ~는		な 좋아하는	
です 입니다		です 좋아합니다	
じゃ ありません ~지 않습니다		じゃ ありません 좋아하지 않습니다	

好きですか。　좋아합니까?

はい、好きです。　네, 좋아합니다.

いいえ、好きじゃ ありません。　아니요, 좋아하지 않습니다.

1 **絵**が 上手ですね。　그림을 잘 그리네요.

2 **今日**は 何月 何日ですか。　오늘은 몇 월 며칠입니까?

3 **今日**は 八月 十日 金ようびです。
오늘은 8월 10일 금요일입니다.

4 おめでとうございます。　축하합니다.

핵심 문법

동사의 정중체(ます형)

1그룹	2그룹	3그룹
う단 → い단 + ます	る → ます	2개
かう → かいます いく → いきます	おきる → おきます たべる → たべます	くる → きます する → します

まいにち しんぶん よ
毎日 新聞を 読みますか。 매일 신문을 읽습니까?

よ
はい、読みます。 네, 읽습니다.

よ
いいえ、読みません。 아니요, 읽지 않습니다.

핵심 문장

まいにち なんじ お
1. **毎日 何時に 起きますか。** 매일 몇 시에 일어납니까?

の
2. **だいたい コーヒーを 飲みながら**
メールを チェックします。

대체로 커피를 마시면서 메일을 체크합니다.

ときどき えいが み
3. **時々 映画を 見ます。** 때때로 영화를 봅니다.

の
4. **コーヒーは 飲みません。** 커피는 마시지 않습니다.

핵심 문법

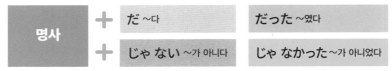

명사의 반말체·정중체 과거형

명사	**+**	だ ~다	だった ~였다
	+	じゃ ない ~가 아니다	じゃ なかった ~가 아니었다

かぞくだった。　가족이었다.

かぞくじゃ なかった。　가족이 아니었다.

명사	**+**	です ~입니다	でした ~였습니다
	+	じゃ ありません ~가 아닙니다	じゃ ありませんでした ~가 아니었습니다

かぞくでした。　가족이었습니다.

かぞくじゃ ありませんでした。　가족이 아니었습니다.

핵심 문장

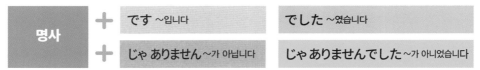

A **学生^{がくせい}だった？**　학생이었어?

B **うん、学生^{がくせい}だった。**　응, 학생이었어.

ううん、学生^{がくせい}じゃ なかった。　아니, 학생이 아니었어.

A **学生^{がくせい}でしたか。**　학생이었습니까?

B **はい、学生^{がくせい}でした。**　네, 학생이었습니다.

いいえ、学生^{がくせい}じゃ ありませんでした。

아니요, 학생이 아니었습니다.

10과

 핵심 문법

형용사의 반말체 과거형

| い형용사 | 맛있 | 다
었다
지 않다
지 않았다 | おいし | い
かった
く ない
く なかった |
| な형용사 | 친절 | 하다
했다
하지 않다
하지 않았다 | しんせつ | だ
だった
じゃ ない
じゃ なかった |

형용사의 정중체 과거형

| い형용사 | 맛있 | 습니다
었습니다
지 않습니다
지 않았습니다 | おいし | いです
かったです
く ありません
く ありませんでした |
| な형용사 | 친절 | 합니다
했습니다
하지 않습니다
하지 않았습니다 | しんせつ | です
でした
じゃ ありません
じゃ ありませんでした |

핵심 문장

① **おでんは おいしかった。おでんは おいしかったです。**

어묵은 맛있었다. 어묵은 맛있었습니다.

② **先生は 親切だった。先生は 親切でした。**
せんせい　　しんせつ　　　　　せんせい　　しんせつ

선생님은 친절했다. 선생님은 친절했습니다.

핵심 문법

동사의 연결형 (て형)

1그룹	う、つ、る → って	あう (만나다)	→	あって
	ぬ、ぶ、む → んで	あそぶ (놀다)	→	あそんで
	く → いて	かく (쓰다)	→	かいて
	ぐ → いで	およぐ (수영하다)	→	およいで
	す → して	はなす (이야기하다)	→	はなして
2그룹	る → て	たべる (먹다)	→	たべて
3그룹	2개뿐이니까 암기하세요!	くる (오다)	→	きて
		する (하다)	→	して

기본형	て형 ~하고, 해서	てください ~해 주세요	ている ~하고 있다	ています ~하고 있습니다
待つ 기다리다	まって	まって ください	まって いる	まって います

핵심 문장

1. **朝 起きて 顔を 洗います。**　아침에 일어나서 얼굴을 씻습니다.

2. **ちょっと 待って ください。**　잠시 기다려 주세요.

3. **日本語の 勉強を して いる。**　일본어 공부를 하고 있다.

4. **日本語の 勉強を して います。**　일본어 공부를 하고 있습니다.

12과 (1)

핵심 문법

동사의 반말체 과거형

1그룹	う、つ、る→ っ そ		った	あう (만나다)	→	あった
	ぬ、ぶ、む→ んで		んだ	あそぶ (놀다)	→	あそんだ
	く → いそ		いた	かく (쓰다)	→	かいた
	ぐ → いで		いだ	およぐ (수영하다)	→	およいだ
	す → しそ		した	はなす (이야기하다)	→	はなした
2그룹	る → そ	た		たべる (먹다)	→	たべた
3그룹	딱 **2**개니까 암기!			くる (오다)	→	きた
				する (하다)	→	した

기본형	て형(~하고/~해서)	た형(~했다)	たり형(~하거나)
食べる 먹다	たべて	たべた	たべたり
洗う 씻다	あらって	あらった	あらったり
集まる 모이다	あつまって	あつまった	あつまったり
読む 읽다	よんで	よんだ	よんだり
聞く 듣다, 묻다	きいて	きいた	きいたり
急ぐ 서두르다	いそいで	いそいだ	いそいだり
行く 가다	いって	いった	いったり

1 **週末 何 した？** 주말 뭐 했어?
しゅうまつ なに

2 **テレビを 見た。** TV를 봤어.
み

3 **音楽を 聞いた。** 음악을 들었어.
おんがく き

4 **テレビを 見たり 音楽を 聞いたり した。**
み おんがく き
TV를 보거나 음악을 듣거나 했어.

私は できる。
わたし

나는 할 수 있다.

복습부터가 진짜 공부! 이번 13과가 가장 핵심입니다. 사실 13과를 위해 1과부터 12과까지 고군분투했다고 해도 과언이 아니에요. 13과 복습으로 처음에 느꼈던 막막함이 많이 사라지고, 자신감이 생길 겁니다. 전체적으로 훑고 나니 '아~ 이 말이었구나!' 꼭 깨닫게 될 것입니다. 혹시 복습한 후에도 막막함이 남아 있다면 잠시 일주일만 쉬었다가 다시 1과부터 새 마음 새 뜻으로 펼쳐보시길 추천해요.

말의 뼈대는 문법입니다. 문법으로 뼈대를 잡고, 단어→문장→회화 순으로 살을 붙여가며 일본어를 꼭 단단하게 만들어가시길 바랍니다. 하실 수 있습니다! 나는 할 수 있다(私は できる)! 자신을 믿고 응원해주세요!

동사 기본형/부정형/정중형/연결형/과거형

	기본형 (~하다)	부정형 ない형 (~하지 않다)	정중형 ます형 (~합니다)	연결형 て형 (~하고/~해서)	과거형 た형 (~했다)
1그룹	1그룹 나머지 동사 (2,3그룹이 아닌 동사) 엄청 많다!	う단 → あ단 + ない	う단 → い단 + ます	う、つ、る → って ぬ、ぶ、む → んで く → いて ぐ → いで す → して	う、つ、る → った ぬ、ぶ、む → んだ く → いた ぐ → いだ す → した
	買う 사다	かわない	かいます	かって	かった
	行く 가다	いかない	いきます	いって	いった
	話す 이야기하다	はなさない	はなします	はなして	はなした
	待つ 기다리다	またない	まちます	まって	まった
	死ぬ 죽다	しなない	しにます	しんで	しんだ
2그룹	2그룹 i + る e + る	る → ない	る → ます	る → て	る → た
	見る 보다	みない	みます	みて	みた
	起きる 일어나다	おきない	おきます	おきて	おきた
	寝る 자다	ねない	ねます	ねて	ねた
	教える 가르치다	おしえない	おしえます	おしえて	おしえた
3그룹	암기 2개뿐!				
	来る 오다	こない	きます	きて	きた
	する 하다	しない	します	して	した

JLPT N5 맛보기

☆ 일본어능력시험(JLPT)이란?
☆ 문자어휘
☆ 문법
☆ 독해

 토닥토닥 응원 메시지

"선생님! 이제 막 일본어를 시작한 우리에게 '시험'이라뇨?!"
많이 놀라셨나요? 하지만 여러분, 자신감을 가지세요. 할 수 있습
니다! 미리 말씀드리지만 놀랍게도 우리 다 배운 거예요.
여기까지 오신 여러분에게 꼭 남에게 자랑할 수 있는 자격증을
선사하고 싶어요.
여러분의 일본어 사랑에 보답하고 싶어요♥
그러니 저와 함께 꼭 한 발 내딛어 주세요! 결코 어렵지 않아요^^

일본어능력시험(JLPT)이란?

- 일본 국내 및 국외에서 일본어를 모국어로 하지 않는 사람을 대상으로 일본국제교류기금과 일본국제교육지원협회가 주최하는 일본어능력시험입니다. 즉, 일본에서 주최하는 거예요. 그렇기 때문에 전 세계 어디에서든 '저 일본어 이만큼 해요~'의 기준이 될 수 있어요.

- 시험은 1년에 두 번, 7월과 12월에 있습니다. 한국, 일본, 미국 등 전 세계에서 동시에 실시합니다.

- 급수별로 나뉘어 있어요. 가장 높은 레벨이 N1이고, 우리가 테스트하려는 N5가 가장 낮은 레벨이에요. N5가 어느 정도의 레벨인지 공식 홈페이지에 올라온 글을 읽어보면 아래와 같습니다.

> **N5**
>
> **읽기** 히라가나나 가타카나, 일상생활에서 사용되는 기본적인 한자로 쓰여진 정형화된 어구나, 문장을 읽고 이해할 수 있는 수준
>
> **듣기** 일상생활에서 자주 접하는 장면에서 느리고 짧은 회화로부터 필요한 정보를 얻어낼 수 있는 수준

- 시험 과목은 언어지식(문자, 어휘/문법)과 독해, 청해로 구성되어 있어요. 이 책에선 청해를 제외한 나머지 유형의 문제를 직접 풀어보면서 감을 잡아볼 거예요. 다시 한 번 말씀드리지만 절대 어렵지 않아요! 여러분의 수준일 테니 너무 걱정 마세요^^

- 일본어능력시험에 관해 좀 더 알고 싶으신 분은 아래 홈페이지를 방문해주세요.
  JLPT 한국 사이트 https://www.jlpt.or.kr/main/main2.asp

문자어휘 –한자 읽기

올바르게 한자 읽는 법을 테스트합니다. 실제 시험에서는 12문항이 나와요.
시험 볼 때는 한자가 필수지만, 공부한 단어에서 나오니까 너무 겁먹지 마세요!

2012년 기출

1 <u>先週</u> デパートに かいものに いきました。

① せんしゅ　　　② せんしゅう

③ ぜんしゅ　　　④ ぜんしゅう

2018년 기출

2 きょうしつで <u>書いて</u> ください。

① かいて　　　② きいて

③ はいて　　　④ ひいて

2018년 기출

3 たまごを <u>三つ</u> とって ください。

① いつつ　　　② みっつ

③ さんつ　　　④ ごつ

---

1 지난주 백화점에 쇼핑하러 갔습니다.
先週 지난주　デパート 백화점　장소＋に ～에　買い物 쇼핑　～に 行く ～하러 가다　行く 가다 ― 行きます 갑니다 ― 行きました 갔습니다

2 교실에서 써주세요.
教室 교실　장소＋で ～에서　書く 쓰다　～て ください ～해 주세요

3 달걀을 3개 집어주세요.
たまご 달걀　～を ～을/를　一つ 1개　二つ 2개　三つ 3개　四つ 4개　五つ 5개　とる 잡다, 쥐다　～て ください
～해 주세요

답 1 ② 2 ① 3 ②

밑줄 친 히라가나를 가타카나 혹은 한자로 올바르게 표기한 것을 고르면 돼요. 실제 시험에서는 8문항이 나와요.

---

1 <u>しゃわー</u>を あびました。

❶ シャワー　　❷ シャウー

❸ ツャワー　　❹ ツャウー

---

2 あたらしい <u>くるま</u>を かいました。

❶ 宅　　❷ 竹

❸ 車　　❹ 薬

---

3 コーヒーは <u>1000えん</u>です。

❶ 1000内　　❷ 1000用

❸ 1000車　　❹ 1000円

해설

1 샤워를 했습니다.

シャワー 샤워　あびる 뒤집어쓰다　シャワーを あびる 샤워를 하다

☆가타카나 シ(し)와 ツ(つ)를 구분할 수 있어야 해요!

2 새로운 차를 샀습니다.

新しい 새롭다, 새로운　車 차, 자동차　買う 사다

☆車(수레 차) – 한자를 여러 번 써보세요!

3 커피는 1000엔입니다.

コーヒー 커피　千円 천 엔

☆円(둥글 원, 화폐단위 엔) – 한자를 여러 번 꼭 써보세요!

답 ① ❶ ② ❸ ③ ❹

유형 설명

빈칸에 들어갈 알맞은 말을 고르는 문제예요. 실제 시험에서는 10문항이 나와요.

2012년 기출

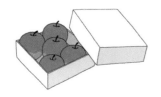

1 はこに りんごが (   ) あります。

   ① よっつ   ② いつつ

   ③ むっつ   ④ ななつ

2 おいしい (   )を たべました。

   ① ケーキ   ② デパート

   ③ テレビ   ④ アメリカ

해설

1 상자에 사과가 5개 있습니다.

1개	2개	3개	4개	5개	6개	7개	8개	9개	10개
ひとつ	ふたつ	みっつ	よっつ	いつつ	むっつ	ななつ	やっつ	ここのつ	とお

はこ 상자　장소+に ~에　りんご 사과　あります 있습니다

2 맛있는 케이크를 먹었습니다.

おいしい 맛있다, 맛있는　食べる 먹다 − 食べます 먹습니다 − 食べました 먹었습니다　ケーキ 케이크　デパート 백화점
テレビ TV　アメリカ 미국

답 ❘1❘ ② ❘2❘ ①

문자어휘 -유의어

제시된 문장과 가장 비슷한 뜻의 문장을 고르면 돼요. 실제 시험에서는 5문항이 나와요.

[1] この かばんは たかく ありません。

❶ この かばんは ゆうめいです。

❷ この かばんは やすいです。

❸ この かばんは おいしいです。

❹ この かばんは げんきです。

[2] きのうは げつようびでした。

❶ きょうは かようびです。

❷ きょうは すいようびです。

❸ きょうは もくようびです。

❹ きょうは きんようびです。

해설

[1] 이 가방은 비싸지 않습니다. ☆ 비싸지 않다＝싸다

この 이　かばん 가방　高い 비싸다, 높다　～く ありません ～지 않습니다　有名だ 유명하다　安い 싸다　おいしい 맛있다　元気だ 건강하다

[2] 어제는 월요일이었습니다. ☆ 어제가 월요일이었다면 오늘은 화요일이 됩니다.

월	화	수	목	금	토	일	＋요일
月	火	水	木	金	土	日	ようび

きのう 어제　きょう 오늘

답 [1] ❷ [2] ❶

유형 설명

'형식의 판단'이라는 말이 어렵지요? 쉽게 말해서 괄호에 들어갈 알맞은 문법을 고르는 문제입니다. 실제 시험에서는 총 16문항이 나와요.

---

1 今日 やおやで りんごを 買いました。五つ(　　) 300円でした。　　　2018년 기출

① に　　　　　　　② と

③ で　　　　　　　④ や

---

2 田中さん(　　) いっしょに 学校へ 行きます。

① は　　　　　　　② も

③ と　　　　　　　④ を

---

3 田中さんは ラーメン(　　) 好きですね。

① が　　　　　　　② も

③ と　　　　　　　④ を

해설

1 오늘 채소가게에서 사과를 샀습니다. 5개에 300엔이었습니다.

今日 오늘　やおや 채소가게　장소＋で ～에서　りんご 사과　～を ～을/를　買う 사다 - かいます 삽니다 - かいました 샀습니다　五つ 5개　五つで 5개 해서, 5개에　三百円 300엔　명사＋でした ～였습니다

2 다나카 씨와 함께 학교에 갑니다.

～さん ～씨　～と ～와/과　～と いっしょに ～와 함께　学校 학교　～へ 行く ～에 가다

3 다나카 씨는 라면을 좋아하는군요.

ラーメン 라면　好きだ 좋아하다 - 好きです 좋아합니다　～ね ～군요(확인, 동의)

☆ ～が 好きです(～을 좋아합니다) 통째로 외워주세요!

답 1 ③ 2 ③ 3 ①

4 父は 運転手(　　)。

❶ でせん　　　❷ ます　　　❸ ました　　　❹ です

5 これ(　　) すしです。

❶ に　　　❷ を　　　❸ は　　　❹ や

6 (電話で)

本田:「はい、本田です。」

北山:「あ、北山花子です。すみません、(　　　　　　　　)。」

本田:「はい、ちょっと まって くださいね。」

❶ ひろこさんを おねがいします

❷ ひろこさんを ください

❸ ひろこさんと 話しますか

❹ ひろこさんと 話しませんか

해설

4 아버지는 운전사입니다. ☆ 명사+です(~입니다)

父 아버지　運転手 운전사　~です ~입니다　~ます ~합니다 ― ました 했습니다

5 이것은 초밥입니다.

すし 초밥　장소+に ~에　~を ~을/를　~は ~은/는　~や ~랑

6 (전화에서)

혼다: '네, 혼다입니다.'

기타야마: '아, 기타야마 하나코입니다. 죄송합니다, 히로코 씨를 부탁드립니다.'

혼다: '네, 잠시 기다려 주세요.'

電話 전화　おねがいします 부탁드립니다　待つ 기다리다　ください 주세요　~て ください ~해 주세요　~と ~와
話す 이야기하다　話しますか 이야기합니까?　話しませんか 이야기하지 않겠습니까?

답 4 ❹ 5 ❸ 6 ❶

유형 설명

단어와 문법 등을 올바르게 배열하여 문장을 구성하는 문제로, ★(별표) 문제라고도 해요. 실제 시험에서는 5문항이 나와요.

2018년 기출

1 私は 日曜日に 兄＿＿＿＿ ＿＿＿＿ ★＿＿＿＿ ＿＿＿＿ 出かけました。

❶ の ❷ と ❸ 子供 ❹ いっしょに

2012년 기출

2 (店で)

田中：「すみません。くだもの＿＿＿＿ ＿＿＿＿ ★＿＿＿＿ ＿＿＿＿か。

店の ひと：「こちらです。」

❶ どこ ❷ あります ❸ は ❹ に

---

3 A:「田中さんは?」

B: へやで＿＿＿＿ ＿＿＿＿ ★＿＿＿＿ ＿＿＿＿して います。

❶ べんきょう ❷ の ❸ 日本語 ❹ を

해설

1 나는 일요일에 형의(의) 子供(아이) ★と(와) いっしょに(함께) 외출했습니다.
私 나 日曜日 일요일 날짜+に ～에 兄 형, 오빠 の ～의 子供 아이 ～と いっしょに ～와 함께 出かける 외출하다
─ でかけます 외출합니다 ─ でかけました 외출했습니다

2 (가게에서)
다나카: '실례합니다. 과일は(은) どこ(어디) ★に(에) あります(있습니) か(까)?'
가게의 사람: '이쪽입니다.'
店 가게 くだもの 과일 どこに 어디에 人 사람 こちら 이쪽

3 A: '다나카 씨는?'
B: '방에서 にほんご(일본어) の(의) ★べんきょう(공부) を(를) 하고 있습니다.'
部屋 방 ～で ～에서 ～を ～을/를 して いる 하고 있다

글의 구성과 문법적인 요소를 생각하며 (　　)에 들어갈 적당한 것을 고르는 문제예요. 실제 시험에서는 5문항이 나와요.

2012년 기출

日本で べんきょうして いる 学生が 「すきな 店」の ぶんしょうを 書いて、クラスの みんなの 前で 読みました。

ケンさんの ぶんしょう

わたしは すしが すきです。日本には たくさん すし屋が ありますね。わたしの 国には すし屋が ありませんから、今 とても うれしいです。日本に （ (1) ）、いろいろな 店で 食べました。学校の 前の 店は、安くて おいしいです。すしが すきな 人は、いっしょに （ (2) ）。

1　❶ 行くから　　❷ 行ってから　　❸ 来るから　　❹ 来てから

2　❶ 行きましたか　　　　　❷ 行きませんか
　　❸ 行って いましたか　　❹ 行って いませんか

해설

일본에서 공부하고 있는 학생이 '좋아하는 가게'의 글을 써서, 학급 모두 앞에서 읽었습니다.

겐 씨의 글

나는 초밥을 좋아합니다. 일본에는 많은 초밥집이 있군요. 나의 나라에는 초밥집이 없기 때문에, 지금 매우 기쁩니다. 일본에 (1) 来てから(오고 나서), 여러 가게에서 먹었습니다. 학교 앞 가게는 싸고 맛있습니다. 초밥을 좋아하는 사람은 함께 (2) 行きませんか(가지 않겠습니까)?

日本 일본　～で ～에서　勉強 공부　学生 학생　好きな 좋아하는　店 가게　文章 문장, 글　書く 쓰다　クラス 클래스, 학급　みんな 모두　前 앞　読む 읽다　すし 초밥　～が 好きです ～을 좋아합니다　～には ～에는　たくさん 많은, 많이　すし屋 초밥 가게, 초밥집　ある 있다 – あります 있습니다 – ありません 없습니다　国 고국, 나라　～から ～이기 때문에　今 지금　とても 매우　うれしい 기쁘다　来る 오다　～てから ～하고 나서　いろいろな 여러, 여러 가지　食べる 먹다　学校 학교　安い (가격이) 싸다　い형용사+くて ～이고, ～여서　おいしい 맛있다　人 사람　いっしょに 함께　行く 가다　～ませんか ～하지 않겠습니까?

ミンジさんの ぶんしょう

わたしは えきの ちかくの 本屋が すきです。 えきの ちかくの 本屋
((3)) 大きい お店です。 外国の 本も 売って います。 わたしの 国のも
((4))。 そして、 わたしが すきな りょうりの 本も 多いです。 ((5))、 本
は いつも えきの ちかくの 本屋で 買います。 みなさんは すきな 本屋が ありま
すか。

3 ❶ か ❷ と ❸ の ❹ は

4 ❶ います ❷ 読みます ❸ あります ❹ します

5 ❶ だから ❷ では ❸ それから ❹ でも

해설

민지 씨의 글

나는 역 근처 서점을 좋아합니다. 역 근처 서점 (3) 는(은) 큰 가게입니다. 외국 책도 팔고 있습니다. 나의 나라의 것도 (4) 있습니다(있습니다). 그리고 내가 좋아하는 요리책도 많습니다. (5) 그래서(그래서), 책은 항상 역 근처 서점에서 삽니다. 여러분은 좋아하는 서점이 있습니까?

文章 문장, 글　えき 역　近く 근처　本屋 서점　大きい 크다, 큰　お店 가게(お는 공손함을 나타냄)　外国 외국　本 책　売る 팔다　国の 고국(나라)의 것　～も ～도　そして 그리고　料理 요리　多い 많다, 많은　だから 그래서　では 그러면　それから 그 다음에　でも 그래도　いつも 항상　買う 사다　みなさん 여러분　ありますか 있습니까?

답 3❹ 4❸ 5❶

독해 - 내용 이해(단문)

글의 내용을 잘 이해했는지 묻는 문항입니다. 실제 시험에서는 3문항이 나와요. 1지문에 1문항씩 나옵니다.

2012년 기출

わたしの へやには テーブルが 一つと いすが 二つと 本だなが 一つ あります。
本が たくさん ありますから、もっと 大きい 本だなが ほしいです。

1 今の へやは どれですか。

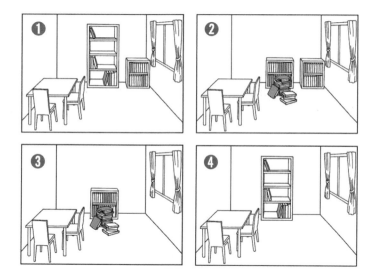

해설

나의 방에는 테이블이 하나와 의자가 두 개와 책장이 하나 있습니다. 책이 많이 있기 때문에, 좀 더 큰 책장을 원합니다.

1 지금의 방은 어느 것입니까?

部屋 방   テーブル 테이블   一つ 한 개, 하나   二つ 두 개   いす 의자   本だな 책장   本 책   たくさん 많은, 많이
~から ~때문에   もっと 좀 더   大きい 크다, 큰   ~が ほしい ~을 원하다   今 지금   どれ 어느 것

답 1 ③

わたしは 毎朝 ご飯と なっとうか、パンと たまごを 食べて、学校へ 行きます。け
さは なにも 食べませんでした。バナナを 学校へ 持って いきました。起きた 時間
が おそかったからです。

2 けさ 「わたし」は 学校へ 行く 前に、何を 食べましたか。

❶ ご飯と なっとうを 食べました。

❷ パンと たまごを 食べました。

❸ なにも 食べませんでした。

❹ バナナを 食べました。

해설

나는 매일 아침, 밥과 낫토라든지 빵과 달걀을 먹고 학교에 갑니다. 오늘 아침은 아무것도 먹지 않았습니다. 바나나를 학
교에 가지고 갔습니다. 일어난 시간이 늦었기 때문입니다.

2 오늘 아침 '나'는 학교에 가기 전에 무엇을 먹었습니까?

❶ 밥과 낫토를 먹었습니다.

❷ 빵과 달걀을 먹었습니다.

❸ 아무것도 먹지 않았습니다.

❹ 바나나를 먹었습니다.

毎朝 매일 아침 ご飯 밥 ~と ~와/과 なっとう 낫토(콩을 발효시킨 것으로 우리나라 청국장과 비슷함) ~か ~라든지
たまご 달걀 食べる 먹다 - たべて 먹고, 먹어서 学校 학교 行く 가다 でも 하지만 今朝 오늘 아침 何も 아무것도
食べます 먹습니다 - たべません 먹지 않습니다 - たべませんでした 먹지 않았습니다 ~へ ~에 持つ 들다, 가지다 持っ
ていく 가지고 가다 起きる 일어나다 - おきた 일어났다 時間 시간 おそい 늦다 - おそかった 늦었다 ~から ~때문(에)

답 2 ❸

10 독해 – 내용이해(중문)

유형 설명

방금 읽어본 단문의 2배 길이 정도 되는 중문 독해 문제도 있어요. 여기에선 다루지 않았어요.
같은 유형이지만 글 길이만 더 길어졌다고 보시면 돼요. 실제 시험에서는 2문항이 나와요. 1지문에 2문항이 있습니다.

독해 –정보검색

광고지, 전단지 등의 정보가 담긴 자료를 보고 문제를 푸는 문항이에요. 다행히(?) 1문항만 나와요!

2012년 기출

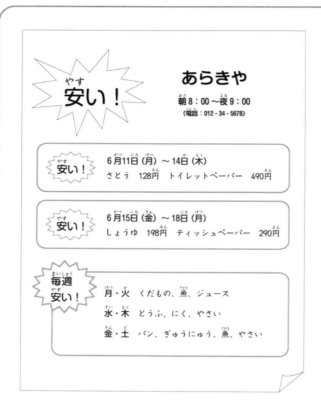

あらきや
朝 8：00 ～ 夜 9：00
（電話：012 - 34 - 5678）

安い！
6月11日 (月) ～ 14日 (木)
さとう　128円　トイレットペーパー　490円

安い！
6月15日 (金) ～ 18日 (月)
しょうゆ　198円　ティッシュペーパー　290円

毎週 安い！
月・火　くだもの、魚、ジュース
水・木　とうふ、にく、やさい
金・土　パン、ぎゅうにゅう、魚、やさい

1　あらきやで トイレットペーパーと にくと やさいを 同じ 日に 買いたいです。
いつが 安いですか。

❶ 6月 11日(月)と 12日(火)

❷ 6月 13日(水)と 14日(木)

❸ 6月 15日(金)と 16日(土)

❹ 6月 17日(日)と 18日(月)

싸다!

아라키야
아침 8:00 ~ 밤 9:00
(전화 : 012-34-5678)

싸다! | **6월 11일(월) ~ 14일(목)**
설탕 128엔   휴지 490엔

싸다! | **6월 15일(금) ~ 18일(월)**
간장 198엔   화장지 290엔

매주 싸다!
월 · 화   과일, 생선, 주스
수 · 목   두부, 고기, 채소
금 · 토   빵, 우유, 생선, 채소

1 아라키야(가게 이름)에서 휴지와 고기와 채소를 같은 날에 사고 싶습니다. 언제가 쌉니까?

トイレットペーパー 휴지(화장실용) 肉 고기 やさい 채소 ~と ~와 同じ 같은 日 날 買う 사다 ━ 買いたい 사고 싶다 いつ 언제 安い 싸다 朝 아침 夜 밤 電話 전화 さとう 설탕 しょうゆ 간장 ティッシュペーパー 화장지 くだもの 과일 魚 생선 ジュース 주스 とうふ 두부 パン 빵 ぎゅうにゅう 우유

답 **1** **②**

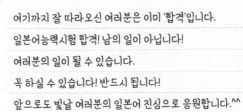

여기까지 잘 따라오신 여러분은 이미 '합격'입니다.
일본어능력시험 합격! 남의 일이 아닙니다!
여러분의 일이 될 수 있습니다.
꼭 하실 수 있습니다! 반드시 됩니다!
앞으로도 빛날 여러분의 일본어 진심으로 응원합니다.^^

JLPT N5 맛보기

히라가나&가타카나

연습 노트

히라가나

단\행	あ행	か행	さ행	た행	な행	は행	ま행	や행	ら행	わ행	ん
あ단	あ a	か ka	さ sa	た ta	な na	は ha	ま ma	や ya	ら ra	わ wa	ん n
い단	い i	き ki	し shi	ち chi	に ni	ひ hi	み mi		り ri		
う단	う u	く ku	す su	つ tsu	ぬ nu	ふ hu	む mu	ゆ yu	る ru		
え단	え e	け ke	せ se	て te	ね ne	へ he	め me		れ re		
お단	お o	こ ko	そ so	と to	の no	ほ ho	も mo	よ yo	ろ ro	を wo	

가타카나

단\행	ア행	カ행	サ행	タ행	ナ행	ハ행	マ행	ヤ행	ラ행	ワ행	ン
ア단	ア a	カ ka	サ sa	タ ta	ナ na	ハ ha	マ ma	ヤ ya	ラ ra	ワ wa	ン n
イ단	イ i	キ ki	シ shi	チ chi	ニ ni	ヒ hi	ミ mi		リ ri		
ウ단	ウ u	ク ku	ス su	ツ tsu	ヌ nu	フ hu	ム mu	ユ yu	ル ru		
エ단	エ e	ケ ke	セ se	テ te	ネ ne	ヘ he	メ me		レ re		
オ단	オ o	コ ko	ソ so	ト to	ノ no	ホ ho	モ mo	ヨ yo	ロ ro	ヲ wo	

01

히라가나&가타카나 청음

청음 기본적인 히라가나와 가타카나는 '청음'이라고 해요. 맑고 청량하게 발음한다는 뜻이에요.

	히라가나				가타카나			
a 아	あ	あ	あ	あ	ア	ア	ア	ア
i 이	い	い	い	い	イ	イ	イ	イ
u 우	う	う	う	う	ウ	ウ	ウ	ウ
e 에	え	え	え	え	エ	エ	エ	エ
o 오	お	お	お	お	オ	オ	オ	オ

	히라가나				가타카나			
ka 카	か	か	か	か	カ	カ	カ	カ
ki 키	き	き	き	き	キ	キ	キ	キ
ku 쿠	く	く	く	く	ク	ク	ク	ク
ke 케	け	け	け	け	ケ	ケ	ケ	ケ
ko 코	こ	こ	こ	こ	コ	コ	コ	コ

	히라가나				가타카나			
sa 사	さ	さ	さ	さ	サ	サ	サ	サ
shi 시	し	し	し	し	シ	シ	シ	シ
su 스	す	す	す	す	ス	ス	ス	ス
se 세	せ	せ	せ	せ	セ	セ	セ	セ
so 소	そ	そ	そ	そ	ソ	ソ	ソ	ソ

	히라가나				가타카나			
ta 타	た	た	た	た	タ	タ	タ	タ
chi 치	ち	ち	ち	ち	チ	チ	チ	チ
tsu 츠	つ	つ	つ	つ	ツ	ツ	ツ	ツ
te 테	て	て	て	て	テ	テ	テ	テ
to 토	と	と	と	と	ト	ト	ト	ト

히라가나 가타카나

na 나	な	な	な	な	ナ	ナ	ナ	ナ
ni 니	に	に	に	に	ニ	ニ	ニ	ニ
nu 누	ぬ	ぬ	ぬ	ぬ	ヌ	ヌ	ヌ	ヌ
ne 네	ね	ね	ね	ね	ネ	ネ	ネ	ネ
no 노	の	の	の	の	ノ	ノ	ノ	ノ

ha 하		は	は	は		ハ	ハ	ハ
hi 히		ひ	ひ	ひ		ヒ	ヒ	ヒ
hu 후		ふ	ふ	ふ		フ	フ	フ
he 헤		へ	へ	へ		へ	へ	へ
ho 호		ほ	ほ	ほ		ホ	ホ	ホ

	히라가나				가타카나			
ma 마	ま	ま	ま	ま	マ	マ	マ	マ
mi 미	み	み	み	み	ミ	ミ	ミ	ミ
mu 무	む	む	む	む	ム	ム	ム	ム
me 메	め	め	め	め	メ	メ	メ	メ
mo 모	も	も	も	も	モ	モ	モ	モ

	히라가나				가타카나			
ya 야	や	や	や	や	ヤ	ヤ	ヤ	ヤ
yu 유	ゆ	ゆ	ゆ	ゆ	ユ	ユ	ユ	ユ
yo 요	よ	よ	よ	よ	ヨ	ヨ	ヨ	ヨ

잠깐 や, ゆ, よ는 い단 뒤에 작게 쓰면 '요음'이라고 하는데요. 발음을 ㅑ, ㅠ, ㅛ로 바꿔줍니다.
예: きゃ(캬), しゅ(슈), ちょ(쵸)

ra 라	ら	ら	ら	ら	ラ	ラ	ラ	ラ

ri 리	り	り	り	り	リ	リ	リ	リ

ru 루	る	る	る	る	ル	ル	ル	ル

re 레	れ	れ	れ	れ	レ	レ	レ	レ

ro 로	ろ	ろ	ろ	ろ	ロ	ロ	ロ	ロ

히라가나				가타카나			
wa 와	わ	わ	わ	ワ	ワ	ワ	ワ
wo 오	を	を	を	ヲ	ヲ	ヲ	ヲ
n 응	ん	ん	ん	ン	ン	ン	ン

히라가나&가타카나 탁음

탁음 청음과 달리 발음을 탁하게 한다고 해서 '탁음'이에요. 큰따옴표처럼 생긴 두 개의 점을 붙여줍니다.

	히라가나				가타카나			
ga 가	が	が	が	が	ガ	ガ	ガ	ガ
gi 기	ぎ	ぎ	ぎ	ぎ	ギ	ギ	ギ	ギ
gu 구	ぐ	ぐ	ぐ	ぐ	グ	グ	グ	グ
ge 게	げ	げ	げ	げ	ゲ	ゲ	ゲ	ゲ
go 고	ご	ご	ご	ご	ゴ	ゴ	ゴ	ゴ

za 자	ざ	ざ ざ ざ	ザ	ザ ザ ザ
ji 지	じ	じ じ じ	ジ	ジ ジ ジ
zu 즈	ず	ず ず ず	ズ	ズ ズ ズ
ze 제	ぜ	ぜ ぜ ぜ	ゼ	ゼ ゼ ゼ
zo 조	ぞ	ぞ ぞ ぞ	ゾ	ゾ ゾ ゾ

da
다

だ　だ　だ　だ　　ダ　ダ　ダ　ダ

ji
지

ぢ　ぢ　ぢ　ぢ　　ヂ　ヂ　ヂ　ヂ

zu
즈

づ　づ　づ　づ　　ヅ　ヅ　ヅ　ヅ

de
데

で　で　で　で　　デ　デ　デ　デ

do
도

ど　ど　ど　ど　　ド　ド　ド　ド

	히라가나				가타카나			
ba 바	ば	ば	ば	ば	バ	バ	バ	バ
bi 비	び	び	び	び	ビ	ビ	ビ	ビ
bu 부	ぶ	ぶ	ぶ	ぶ	ブ	ブ	ブ	ブ
be 베	べ	べ	べ	べ	ベ	ベ	ベ	ベ
bo 보	ぼ	ぼ	ぼ	ぼ	ボ	ボ	ボ	ボ

03

히라가나&가타카나 반탁음

반탁음 동그라미 하나를 오른쪽 위에 붙여 주면 됩니다. は(ハ)행에만 있어요.

	히라가나				가타카나			
pa 파	ぱ	ぱ	ぱ	ぱ	パ	パ	パ	パ
pi 피	ぴ	ぴ	ぴ	ぴ	ピ	ピ	ピ	ピ
pu 푸	ぷ	ぷ	ぷ	ぷ	プ	プ	プ	プ
pe 페	ぺ	ぺ	ぺ	ぺ	ペ	ぺ	ぺ	ぺ
po 포	ぽ	ぽ	ぽ	ぽ	ポ	ポ	ポ	ポ